JN239383

世界一ラクにスラスラ書ける 文章講座

山口拓朗

かんき出版

「文章を書くのに時間がかかってしまいます」
「文章の組み立て方がわかりません」
「書きたいことはあるのに、文章にまとめることができません」
「支離滅裂な文章を書いてしまいます」
「『それで何が言いたいの？』と言われます」
「正直、文章を書くのが苦痛で仕方ありません」

　この本を手にしたあなたも、似たような悩みを抱えているのではないでしょうか。

　報告書や企画書といったビジネス文章から、ブログをはじめとするSNS、メール、チャットまで、わたしたちが文章を書く機会は、以前よりも増えました。

　その分、書けない自分にイライラしたり、伝わらないもどかしさを感じたりするケースも増えています。

　問題なのは、文章がうまく書けないことで、仕事の効率や生産性が下がり、周囲に迷惑をかけてしまうことです。誤解を招く文章を書けば、大きなミスやトラブルを招くこともあります。

　その結果、その人自身の評価や信頼が落ちてしまうことも。「文章が書けない」ことは、公私の両面で大きなリスクなのです。

　しかし、ご安心ください。これらの問題を立ちどころに解消するのが、本書で紹介する「テンプレート（型)」です。

テンプレートとは、文章の流れを示す「構成パターン」のフレームのこと。「最初にこれを書いたら、次にこれを書き、さらにこれを書き、最後にこれを書く」という具合に、決まった順番で書き進めることで、あなたは、文章の組み立てに苦労することがなくなります。それと同時に、スラスラと「わかりやすい文章」を書けるようになります。

本書で紹介するテンプレートは、たったの３つです。

> テンプレート①　ストレスフリーで読める「列挙型」
> テンプレート②　ぐんぐん納得度が高まる「結論優先型」
> テンプレート③　共感が生まれる「ストーリー型」

この３つのテンプレートさえあれば、おそらく、**あなたが書こうとしている９割以上の文章をカバーすることができるでしょう。**
いえ、組み合わせや並び順をアレンジすれば、**ありとあらゆる文章に対応することができるはずです。**

世の中で「文章がうまい」といわれている人たちは、意識する・しないにかかわらず、お気に入りのテンプレートを使って書いています。それらのテンプレートのほとんどが、本書で紹介する３つのテンプレートか、そのアレンジです。
つまり、本書で紹介する３つのテンプレートをマスターすれば、少なくとも、「どう書けばいいかわからない」という状態からは抜け出すことができるのです。

なかには「テンプレートなんて使ったら、書き手の個性が消えてしまうのでは？」と思う人もいるかもしれませんが、それは間違いです。テンプレートを使うことで消えてしまう個性など、そもそも個性とはいえません。

　テンプレートは、文章の流れを決めるガイドラインにすぎません。テンプレートを使いながらも、盛り込む内容や言葉の選び方、表現、文体などを工夫することによって、おのずと書き手の個性は香り立ちます。魅力あふれる文章が紡がれていきます。

　文章構成を"お任せ"できるからこそ、書き手の個性を出すことや、内容を深めることに集中できるのです。

　テンプレートを使わずに文章を書こうとするのは、設計図のないまま家を建てようとするようなものです（設計図なく建つ家は、ハリボテの家くらいでしょうか）。ちゃんとした家を建てるには、どうしても設計図が必要なのです。

　テンプレートはあなたに与えられた設計図です。その設計図を使って文章を書くことで、より魅力的で、よりわかりやすい文章がスラスラと書けるようになります。「こんなにラクに文章が書けるなんて！」とびっくりすることでしょう。さあ、筆者からのプレゼント「３つのテンプレート」をお受け取りください。

山口拓朗

第 **1** 章

テンプレートは、文章を書くときの救世主

「列挙型」
でストレスフリーな道案内をしよう

第 **4** 章

「ストーリー型」
で共感を生み出そう

テンプレートミックスで長文を書こう

COLUMN　SNSに効く小技

ブックデザイン　大場君人

イラスト　平澤南

DTP　ニッタプリントサービス

第 1 章

テンプレートは、文章を書くときの救世主

料理に「どの順番でどのように作るか」のレシピがあるように、文章にも「どの順番でどのように組み立てていくか」のレシピがあります。レシピさえあれば、誰でも悩まずに伝わる文章が書けるようになります。

「文章作成はテンプレートから学ぶ」が正解

📋 「自由に書く」のは難しい

日本の学校教育では、子どもに作文を書かせるときに「テンプレートを使いましょう」と指導する先生はほとんどいません。

一方で「**自分の気持ちを自由に書きなさい**」とアドバイスをする先生は相変わらず多いようです。

正直、この「自分の気持ちを自由に書きなさい」ほど乱暴なアドバイスはありません。なぜなら、これは、編み物をしたことのない子どもに、毛糸と編み針だけ渡して「自由にセーターを作りなさい」と言っているのと同じだからです。作れるわけがありません。

同様に、自由に書かせた文章が、「読みやすい文章」や「伝わる文章」になることもありません。そのほとんどが自己満足な悪文です。

社会に出てもなお「文章を書くことが苦手」「嫌い」「めんどうくさい」「できれば書きたくない……」という人が後を絶ちません。皮肉なことに、子ども時代に受けた「自由に書きなさい」という指導が、文章力を伸ばす芽を摘み、本人にコンプレックスすら抱かせているのです。本末転倒といわざるを得ません。

文章の書き方にもレシピがある

① 思いつくままに書いてしまう。
② なんとなく時系列順に書いてしまう。

　このふたつの書き方も、伝わらない文章に見られる、顕著な傾向です。「思いつくまま書く」も、「なんとなく時系列順に書く」も、書き手側の都合にすぎません。文章を書くときに意識すべきは、**「読む人が受け取りやすい順番に書く」** という方法です。

　料理をしたことのない人に、素材（食材）だけ渡して「おいしい料理を作ってください」と指示しても、おそらくおいしい料理を作ることはできないでしょう。この人に必要なのは、料理の作り方のプロセスを記したレシピです。

　文章作成も料理と同じです。いくら素材があっても、組み立て方を知らなければ書くことはできません。
　文章作成が苦手な人に必要なのは、文章の作り方のプロセスを記したレシピ、つまりはテンプレート（型）です。

「起承転結」の呪縛からサヨナラしよう

　日本人が文章作成について学んできた唯一のレシピ、つまり、テンプレート（型）といえば「起承転結」ではないでしょうか。なかには「日本語の文章は起承転結で書かなくてはいけない」と

思い込んでいる人もいます。

「起承転結」の使い方には諸説ありますが、以下はその一例です。

> 起　事実や出来事を書く。
> 承　「起」の内容に解説を加える。また、「起」によって起こる問題点や、書き手の感想や意見を書く。
> 転　「起」と「承」とは関係のない別の事柄を持ち出す。
> 結　全体を関連づけてまとめる。

「わかったようなわからないような……」。
　そんなふうに思う人も多いのではないでしょうか。

　もとをたどれば、起承転結は、漢詩の構成であり、日本語の文章作成に適しているとは言い難い面があります。
「起→承→転→結」の各パートの機能もあいまいで、そのパートで何を書けばいいか、頭を悩ませる人も珍しくありません。
「転」で＜あえて話を急展開させなくてはいけない＞、「結」まで＜書き手の結論を封印しなければいけない＞など、何かと制約も多いです。有識者のなかには「起承転結自体が論理的でない」といった指摘もあるようです。

　極めつきは、文章が"読み流されがち"な超情報化社会において、結論を後回しにする起承転結がなじまない、という点です。
　ビジネス文章であればなおのこと。結論が見えない文章を書け

ば、読む人から「何が言いたいんだ！」とツッコまれても仕方ありません。

　もちろん、文学的、芸術的なジャンルの文章を書く場合や、書き手が人気作家や人気エッセイスト、人気ブロガーなど、"読ませる技量"のある人であれば話は別です。

　彼らには、これまで「タメになる文章」や「おもしろい文章」などを書きながら、コツコツと蓄えてきた信用があります。読む人は信用ある書き手に対しては寛容です。

　しかし、おそらくあなたは文章作成のプロではないはずです。そんなあなたが、安易に「起承転結」を使えば、悲劇を招くことになるでしょう。

　その悲劇とは、苦労して書いたにもかかわらず"読まれない"というもの。書き手にとってこれほど悲しいことはありません。

起承転結にとらわれずにかいてみよう

なぜ3つのテンプレートで事足りるのか？

📑 スポーツも芸事も仕事も「守破離」が基本

「守破離」という言葉をご存じでしょうか。

　守破離とは、剣道や茶道をはじめとする武道や芸道における＜修業の段階＞を示したものです。「守」は、師や流派の教えや型、基本、技などを忠実に守り、確実に身につける段階。「破」は、ほかの師や流派の教えについても考え、いいものを取り入れながら心技を発展させる段階。「離」は、ひとつの流派から離れ、独自の新しいものを生み出し確立させる段階を指します。

　本書でお渡しするテンプレートは、守破離の「守」にあたるものです。

> テンプレート①　ストレスフリーで読める「**列挙型**」
> テンプレート②　ぐんぐん納得度が高まる「**結論優先型**」
> テンプレート③　共感が生まれる「**ストーリー型**」

　この3つのテンプレートは適用範囲がとても広く、仕事で書く文章からプライベートで書く文章まで、さまざまな文章作成に使えます。「その文章を書く目的」や「読む人にしてほしい反応」について考えながら、そのつど最適なテンプレートを選びましょう。

どんなテンプレートも 使えなければ意味がない

📋 テンプレートは、この3つ知っていれば十分

　世の中にある文章テンプレートを細かく拾えば数十個はあるでしょう。しかし、いくらたくさんのテンプレートを知っていても、とっさの場面で的確に使えなければ意味がありません。

　恐ろしいのは、いろいろなテンプレートを知りすぎることによる弊害です。あれこれと迷いが生じるほか、セレクトミスをするリスクも高まります。

　大事なのは「知っていること」ではなく、「使いこなせること」です。

　本書では、文章作成を苦手としている人に**"まずこれだけは覚えてもらいたい"3つのテンプレート**をご紹介します。いずれも汎用性の高さは抜群です。

　この3つのテンプレートを懐に忍ばせておきさえすれば、あらゆる文章に対応することができます。

　くり返しになりますが、覚えるのは、この3つだけでOKです。

📝 【テンプレート①】ストレスフリーで読める「列挙型」（第2章／48ページ）

　手持ちの情報をポイント別に伝えるテンプレートです。
「A：全体像 → B：列挙ポイント1 → C：列挙ポイント2 → D：列挙ポイント3 → E：まとめ」の順に流れます。
　複数の情報を整理して伝えたいときに重宝します。

【列挙型の文章】

　［A］炭酸水には3つのメリットがあります。
　［B］ひとつめが「口に含んだときの爽快感」です。
　［C］ふたつめが「食べすぎ防止効果」です。
　［D］みっつめが「疲労回復効果」です。
　［E］炭酸水には心身への健康効果があるのです。

　このように、炭酸水のメリットを「あえて3つ」に分けることで、読む人が受け取りやすくなりました。
　なお、手持ちの情報が「まだ具体化されていない塊（かたまり）」の状態のときは「あえていくつかのポイントに分ける」という意識が必要です。
　反対に、手持ちの情報が細かく分かれすぎているときは「あえて情報同士を統合する」「あえて情報に優先順位をつける（順位の高いものからいくつか書く）」という意識が必要となります。

【テンプレート②】ぐんぐん納得度が高まる 「結論優先型」（第3章／98ページ）

自分が最も伝えたいポイントに絞って伝えるテンプレートです。

「A：結論 → B：理由・根拠 → C：具体例・詳細 → D：まとめ」の順に流れます。

読む人に納得してもらいたいときに役立ちます。

【結論優先型の文章】

［A］わたしは毎日30分の散歩をしています。

［B］なぜなら、ほどよく汗をかくことで、心身がリフレッシュするからです。

［C］1年前に散歩を始めてからは、ストレスが減り、風邪をひきにくくなりました。

［D］これからも散歩を続けていきたいと思います。

「毎日30分の散歩をしている」というポイント（結論）に絞って書くことで、論理が明確化し、話が脱線するリスクも低くなります。

「理由（＝心身がリフレッシュする）」や、「具体例（＝ストレス減少＋風邪知らずになった）」は、「結論（＝毎日30分の散歩をしている）」の説得力を高めるために必要な"肉づけ情報"です。読み進めるほど説得力が高まっていきます。

【テンプレート③】共感が生まれる「ストーリー型」（第4章／146ページ）

エピソードを語って伝えるテンプレートです。

「**A：マイナス → B：転機 → C：進化・成長 → D：明るい未来**」の順に流れます。

読む人の共感を誘いたいときに有効です。

【ストーリー型の文章】

[A] 以前のわたしは整理整頓が大の苦手でした。

[B] そんなわたしの価値観を変えてくれたのが、『人生がときめく片づけの魔法』という一冊の本でした。

[C] この本の教えに従って、自分が"ときめくもの"だけ残していくと、身の回りが見違えるほどきれいになりました。

[D] これからも自分の"ときめき"に従いながら整理整頓していきたいと思います。

整理整頓が苦手だった人が、一冊の本との出会いを経て、整理整頓上手へと変化する。この右肩上がりのストーリーラインが、読む人の共感を誘うポイントです。「片づけはこうすべき」と理屈で語るよりも、読む人の気持ちが動きやすくなります。

テンプレートが有効な
そのほかの理由

📝 テンプレートの各パートが自問自答を助ける

文章を書くうえで「自問自答」の思考は極めて重要です。

たとえば、「わたしの趣味は映画です」という文章の裏には「わたしの趣味は何ですか?」という自問が隠れています。

「とくに好きな作品は『ショーシャンクの空に』です」という文章の裏には「とくに好きな作品は何ですか?」という自問が隠れています。

多くの場合、自問自答は無意識に行われていますが、文章を書くことが得意な人は、この自問自答を意識的に行っています。鋭い質問をすれば鋭い答えを、深い質問をすれば深い答えを出せる確率が高まることを知っているのです。

一方で、文章を書くことを苦手としている人の中には、「自問自答するなんて難しい」「やり方がわからない」という人もいるでしょう。そういう人たちにとって、テンプレートはとてもありがたい存在です。

なぜなら、テンプレートには漏れなく「自問」がついてくるからです。たとえば、結論優先型の場合、流れは「A:結論を伝える → B:理由・根拠を伝える → C:具体例・詳細を伝える → D:

まとめる」です。実はこれ、本来なら書き手がするべき自問を、テンプレートが肩代わりしてくれているのです。

> 自問1（Aのパートを書くための質問）
> → あなたが伝えたい結論は？
>
> 自問2（Bのパートを書くための質問）
> → その結論の理由・根拠は？
>
> 自問3（Cのパートを書くための質問）
> → その結論に関する具体例は？ 詳細は？
>
> 自問4（Dのパートを書くための質問）
> → これまでの内容をまとめてくれる？

　このようにテンプレートの側から質問を投げかけてきてくれるのです。書き手はこの質問に答えることによって、文章作成に必要な材料を手元にそろえることができます。

> 自問1　あなたが伝えたい結論は？
> 答え1　子どもの言語能力や読解力を高めたい親御さんに「絵本の読み聞かせ」を推奨しています。
>
> 自問2　その結論の理由・根拠は？
> 答え2　絵と言葉を見比べることによって、子どもが効率よ

く言葉の意味を理解・記憶するからです。

自問3　その結論に関する具体例は？ 詳細は？

答え3　たとえば、「縁側におじいさんが座っていました」という文章があったとき、縁側を見たことのない子どもには、「縁側」が理解できません。しかし、絵本であれば、縁側の絵が描かれています。そのとき、子どもは、絵と言葉を一致させて記憶するのです。

自問4　これまでの内容をまとめてくれる？

答え4　「絵本の読み聞かせ」をしてもらっている子どもは、文章を読むのと同時に、頭の中で絵をイメージできるようになります。その結果、言語能力や読解力が高まっていくのです。

　このように、質問に対して丁寧に答えを出していくことで、文章作成に必要な材料が集まりました。自問することが苦手な人でも、テンプレートの各パートが発する「質問」を「自問」の代わりにすることで、実のある文章を書くことができるのです。

📋 テンプレートを使うと、書くスピードと文章の質が上がる

　あなたが、まだ行ったことのない目的地までドライブをするとき、もしもナビがなかったらどうなるでしょうか？

　おそらく、目的地へ行くまでに迷う、あるいは、遠回りする可

能性が高いのではないでしょうか。

　文章を書くときにナビの役割を果たしてくれるのがテンプレートです。

　本書で紹介するテンプレートは、それぞれ4〜5つのパートに分かれています。そのパートは、ナビに表示される「行先表示」のようなものです。

「行先表示」に従って進めばいいので、ドライバーである書き手は、迷ったり、遠回りしたりすることがありません。もちろん、目的地には最短かつ最速で到着することができるでしょう。

　テンプレートには、もうひとつ大きなメリットがあります。道順で頭を悩ます必要がない分、書き手は文章の内容に集中することができます。

　つまり、**テンプレートを使うと、文章作成のスピードが速くなのと同時に、文章の中身の質も高くなる**のです。

　一方で、テンプレートをもたない書き手は、曲がるべきではない道を曲がる、別のルートを通る、逆方向に進む……など、非効率的な走りを強いられることになります。

　ひどい場合は、目的地に到着できず、「支離滅裂でよくわからない」「読みにくくて仕方がない」「いったい何が言いたいの？」と思われてしまうことも。道順がわからず、てんやわんやな状態なので、当然、文章の中身にも集中できません。

　ドライブで困るのは自分自身ですが、文章では、自分以外の人

（読む人）に迷惑をかけてしまいます。

　道案内役であるテンプレートを備えている安心感は、文章を書くことへの喜びもふくらませます。なぜなら、いちいち「どっちに行こう……」と道順に心を砕かなくて済むからです。

「文章を書くことがめんどうくさい」「文章を書くことは楽しくない」という悩みのほとんどが、テンプレートを使うことで解消されるでしょう。テンプレートは、文章を書くすべての人が備えておくべきマストツールです。

ナビが ないと…　　　　ナビが あれば…

テンプレートを使う前に
確認すべき5つのこと

国 ①その文章を書く目的は何?

　文章には必ず目的があります。

　友人を飲み会に誘うチャットの文章の目的は何でしょう?
「飲みに行かない?」と伝えること……ではありません。友人から「おお、行こう!」と快諾の返信をもらうことです。

　同様に、料理レシピの文章の目的は「おいしい料理がスムーズに作れること」ですし、商品チラシの文章の目的は「商品を買ってもらうこと」、仕事の依頼メールの目的は『喜んでお受けします』の返事をもらうこと」ではないでしょうか。

　また、オススメ映画のブログを書いている人の目的は「『おもしろそう!』『観に行きたい!』と、オススメした作品に興味をもってもらうこと」ではないでしょうか。

　ラブレターにだって目的はあります。「好きだ」と伝えることが目的ではありません。「『わたしも、あなたのことが好き!』という(ニュアンスの)返事をもらうこと」が目的ではないでしょうか。

　もちろん、選ぶテンプレートは、その文章の目的に応じて変化します。

　情報を漏れなく伝えるときは「列挙型」、説得力を高めたいと

きは「結論優先型」、共感を誘いたいときは「ストーリー型」が有効です。

あるいは、テンプレートを組み合わせた複合型が有効な場合もあります（複合型については第5章でお伝えします）。目的に応じて最適なテンプレートを選びましょう。

② 読む人は誰か？

文章の目的を達成するためには、読者対象、つまり、「読む人は誰か」をはっきりさせる必要があります。届ける相手が決まらない限り、わたしたちは文章を書くことができません。相手がいない状態でラブレターを書くことができないのと同じ理屈です。**「いろいろな人が読むので……」という言葉で逃げてはいけません**。たとえば、チラシの文章を書くとき、そのチラシを最も届けたい相手は誰なのでしょうか？

40代の男性なのか、20代の女性なのか。20代の女性でも、独身者と既婚者では、考え方も、求めているものも違うはずです。あるいは、20代の既婚者でも、子どもが「いる・いない」で、関心のある事柄や、その知識レベルは大きく異なるでしょう。

映画のブログを書く場合であればどうでしょう。映画好きと、年に2、3本しか映画を見ない人とでは、知りたい情報は違うでしょう。もちろん、知識レベルにも相当な差があるはずです。

仕事で使う企画書はどうでしょう。その企画書を読む人が、部署内の人なのか、会社の上層部なのか、取引先なのか、あるいは

お客様なのか……などによって、使う言葉も、盛り込む内容も変化します。

　もっといえば、上層部にも、鈴木部長、小林専務、佐藤社長など、いろいろな人がいます。鈴木部長は「この企画にかかる人員コスト」、小林専務は「この企画の損益分岐点」、佐藤社長は「この企画が自社にもたらすブランド価値」という具合に、それぞれ異なる点に注目しているかもしれません。

　テンプレートを使って、せっかくわかりやすく魅力的な文章を書いたとしても、読む人（＝読者対象）を見誤れば、興味をもたれない、理解してもらえない、納得してもらえない、共感してもらえない——という残念な結果を招きかねません。

「読む人は誰か」を考えることは、文章の目的を達成するうえでも、また、読む人の反応を決めたり、彼らのニーズや知識・読解レベルを把握したりするうえでも、極めて重要なプロセスです。
どんな文章を書くときにも、必ず読者対象を明確にしましょう。

③ 読む人のニーズは何か？

　読む人が明確になったら、次にしなければいけないのは、その人が必要としていること（ニーズ）を把握することです。次に挙げる項目の答えを集めることで、読む人（読者対象）のニーズをざっくりと把握することができます。

　・その人がどんな情報を求めているか？

- その人にどんな情報を与えれば喜んでもらえるか？
- その人が抱えている不安や悩み、課題は何か？
- その人はどんな価値観をもつ人か？

　商品やサービスを買ってもらうための文章であれば、金銭感覚についてのリサーチも必要でしょう。1円でも安いティッシュペーパーを買い求めてスーパーをはしごする人と、値札を見ずに手触りのよさそうな高級ティッシュを買う人とでは、"モノを買う"ことに対する考え方や基準が違うからです。

　文章作成というのは、読む人にプレゼントを渡すようなものです。いくら書き手が「これは喜んでもらえるだろう」と自信をもっていても、読む人のニーズを満たせていなければ喜んでもらうことはできません。逆に、読む人のニーズを満たしていれば、大喜びしてもらうことができます。

　読む人のニーズを満たすためには、ふだんから、読む人（読者対象）とどれだけ会話をしているか、どれだけ彼らのことを観察したり、リサーチしたりしているかが重要です。

　ろくに会話も観察もリサーチもせず、想像だけに頼るのは危険といわざるを得ません。

　逆にいえば、多少書き方がぎこちなくても、あるいは、少しくらい書き方が荒くても、読む人のニーズを満たすことができれば、文章の目的は達成されやすくなります。

④読む人にどんな反応をしてもらいたい？

　文章の目的を達成するためには、読む人（読者対象）にどんな反応をしてもらえばいいでしょうか？

　もっといえば、目的を達成するために、どういう反応が必要でしょうか？

　たとえば、ラブレターであれば「こんなに嬉しい手紙をもらったことは今まで一度もない！」と感動してもらえたら、目的達成にグッと近づくでしょう。

【読む人の反応（一例）】

・おもしろい！

・ためになった！／勉強になった！／役立った！

・よくぞ言ってくれた！

・すご〜い！／すばらしい！

・すてきだなあ！

・わかりやすいなあ！

・そういうことか！／なるほど！

・驚いた！／まさか！

・斬新だ！／新しい！／知らなかった！

・感動した……／せつない……

・悲しい……

・申し訳ない……

・勇気が出た！／元気になった！

・深い！／鋭い！

　書く人は、読む人の反応を"読む人任せ"にしてはいけません。**読む人の反応は"書く人が決める"**のです。

「反応を決める＝目標を設定する」です。

　目標を設定すると、脳は「この目標を達成するためにはどうすればいいか？（どういう文章を書けばいいか？）」と考え始めます。その結果、文章のクオリティが高まるのです。

⑤ 読む人の知識レベルはどうか？

　あなたは大学の教授や研究者が書いた文章に触れたときに「難しい」「専門性が高すぎる」「理解できない」と感じたことはありませんか？

　実は、頭のいい人や、豊富な知識をもつ人、専門性の高い人が、読みやすい文章を書くかといえば、必ずしもそうとはいえません。それどころか、難解すぎて理解不能なケースもしばしばあります。

　多くの場合、その原因は、読む人（読者対象）のことを考えずに文章を書いてしまうことにあります。読む人も自分と同じくらいの知識や読解力がある、と勘違いしているケースもあります。その結果、読む人に煙たがられる文章を書いてしまうのです。

> ・読む人の知識レベルに合わせる
> ・読む人の読解レベルに合わせる

　これが伝わる文章を書く秘訣です。文章を書くという作業は、その文章を読む人に、わかりやすい順番とわかりやすい言葉で、

情報を届けていく作業にほかなりません。

　とくに、あなたが"あたり前"のように知っている事柄（情報）について書くときは注意が必要です。**あなたの"あたり前"は読む人の"あたり前"ではない**からです。読む人は、その事柄について、まったく理解していない、ということも珍しくありません。

　　サブスクリプションサービスも変革の様相を呈しています。

　読む人が「サブスクリプションサービス」について十分な知識をもっているなら、この表現でも問題はないでしょう。
　一方で、読む人が「サブスクリプションサービス」について知らないようであれば、この文章は独りよがりの悪文です。読む人が理解できるよう補足しなければいけません。

　　サブスクリプションサービスも変革の様相を呈しています。サブスクリプションサービスとは、「料金を支払うことで一定期間受けられるサービス」のことで、Amazon プライムや Netflix といった定額課金型のサービスも含まれます。

　このように「サブスクリプションサービス」の意味を補足すると、読む人も「へえ、そういうサービスをサブスクリプションサービスっていうのか」と理解することができます。
　さらにいえば、「変革の様相を呈しています」という硬めの言い回しは、「大きく変化しつつあります」のような平易な表現に

置き換えることで、読む人がより受け取りやすくなるかもしれません。

　このように、**文章を書くときは、読む人の立場や知識、読解レベルを把握しておくことも肝心です。**

　それらを把握したうえで、読む人が理解しやすい文章を書ける人こそが、「伝わる文章の書き手」です。

すべての文章は
1行ライティングから始めよう

📑 1行ライティングが「伝わる文章」への第一歩

　文章というのは究極的には1行程度（40〜50字以内）で要約することが可能です。文量は関係ありません。

　論文であればその題名、書籍であればその書名が、1行前後で表現されています。ちなみに、本書のタイトル『世界一ラクにスラスラ書ける文章講座』も、この本の内容を1行で要約したものです。

　もしも、書き手が自分の言いたいことを1行で表現できないとしたら、その文章は悪文や駄文になってしまう恐れがあります。自分が伝えたい事柄の「柱」を把握できていない、という状態だからです。**1行で伝わらないものは、10行でも100行でも伝わりません**。それくらい「柱」を把握する作業は大事です。

　本書で紹介するテンプレートは、いずれも4〜5つのパートに分かれています。ふだんよく書いている文章（整理できている情報）であれば、その場でササっと書き始めてもいいでしょう。

　一方、初めて書くものや、未整理状態の情報については、**それぞれのパートを1行で表現することから始めてみましょう**。

第3章で紹介する結論優先型であれば、「1行ライティング」は次のような形です。

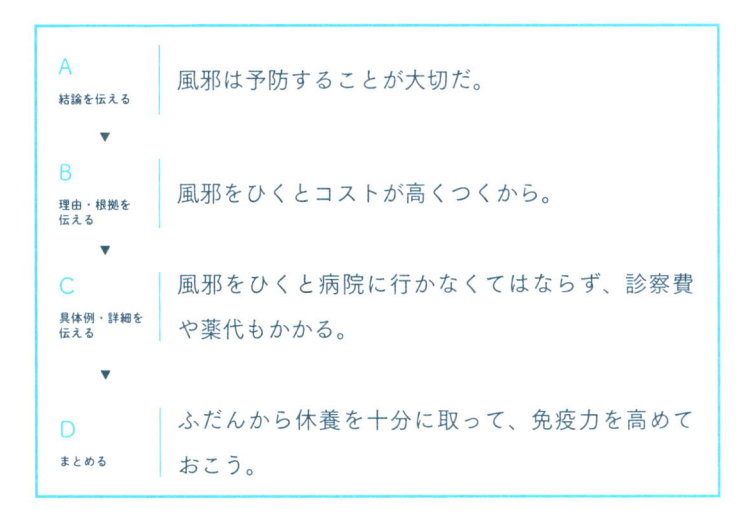

A 結論を伝える	風邪は予防することが大切だ。
B 理由・根拠を伝える	風邪をひくとコストが高くつくから。
C 具体例・詳細を伝える	風邪をひくと病院に行かなくてはならず、診察費や薬代もかかる。
D まとめる	ふだんから休養を十分に取って、免疫力を高めておこう。

実は、各パートを1行で的確に表現できると、それだけで伝わる文章ができあがります。

事実、上記の1行ライティングを一読して内容に納得した人もいるでしょう。なぜなら、書き手が伝えたい事柄の「柱」を的確に抜き出しているからです。

逆にいえば、1行で「柱」を抜き出すことができなければ、「伝わる文章」や「魅力的な文章」への道は険しくなります。

1行ライティングの内容が今ひとつだったり、納得できなかったりする場合は、まだふくらませる段階にありません。

"ゼロ"はいくらふくらませても"ゼロ"でしかありません。

1行ライティングは、そのパートの「柱」となる"イチ"を作り出す作業なのです。

　1行でうまく表現できないときは、自分の頭にある情報が「未整理状態であること」を認識したうえで、まずは情報の整理を行う必要があります。

【 情 報 の 整 理 方 法 】
① 手持ちの情報を「いる情報」と「いらない情報」に振り分ける
②「いる情報」に優先順位をつける
③ 優先順位の高い情報を使って1行ライティングを書く

　たとえば、あなたがある歌手のコンサートに行って感動したとします。その感動の理由を1行ライティングするには、次のように手持ちの情報を整理する必要があります。

---

① **情報を振り分ける** → 感動した理由をリストアップしたうえで、それらを「いる情報」と「いらない情報」に振り分ける。一例としては「2年ぶりの復活コンサートだった」「音響や舞台演出がすばらしかった」「歌に感情がこもっていた」「ヒット曲をたくさん演奏した」の中から「いる情報」に「2年ぶりの復活コンサートだった」と「歌に感情がこもっていた」を振り分ける。
② **情報に優先順位をつける** → 次に①で「いる情報」としたふたつに優先順位をつける。感動した順に「歌に感情がこもっていた」「2年ぶりの復活コンサートだった」など。

---

③ 1行ライティングを書く → 最も優先順位の高い「歌に感情がこもっていた」を使って1行ライティングを書く。

【例】感情を込めて全身全霊で歌い上げていた。

優先順位次点の情報も盛り込んで次のように書いてもOKです。

【例】2年ぶりの復活コンサートで、感情を込めて全身全霊で歌い上げていた。

満足のいく1行ライティングが書けたら、もう文章の半分を書き終えたようなものです。あとは、その「柱」をガイドラインに、文章をふくらませていきましょう。

抽象と具体を行き来する感覚を身につけよう

文章を書くことは、抽象と具体を行き来する作業です。

たとえば、41ページで紹介した1行ライティング例の中に出てきた「コスト」という言葉。これ自体は抽象度が高く、読む人によって、とらえる意味が異なります。コストには「生産費」や「原価」という意味もあれば、「労力」や「時間」という意味もあります。

Cの「具体例・詳細」のパートでは、Bの「理由・根拠」のパートで示した「コスト」について具体化しています。「病院に行かなくてはいけない」は時間や労力のコスト、「診察費や薬代もか

かる」は金銭的なコストを指しています。

　このように、「抽象」と「具体」を行き来することによって、読む人が文章を理解しやすくなります。

　ほかにも、いくつか「抽象」と「具体」の関係性をお見せします。

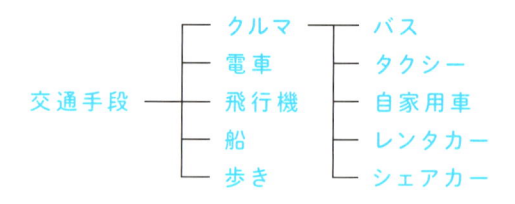

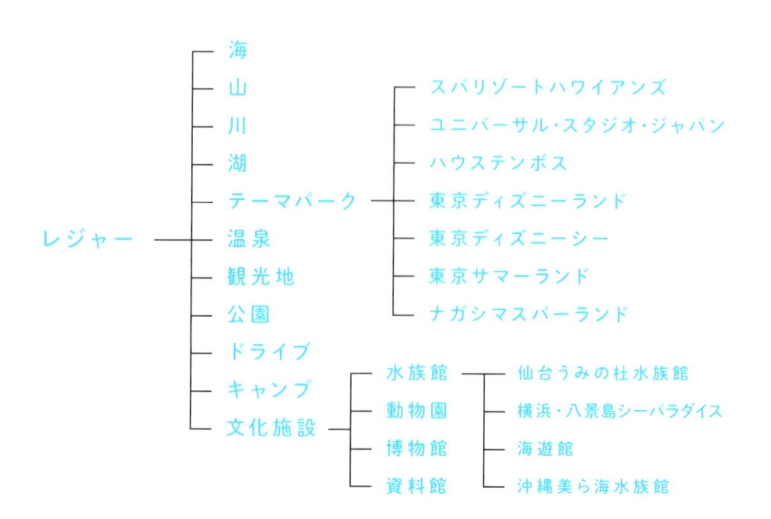

もちろん、ここで具体化した各施設をさらに具体化していけば、それぞれのレジャー施設の特徴が明らかになります。

　文章を作るときにどこまで具体化するかは、書き手が「どこまで伝えたいか」や、読む人が「どこまで知りたいか」によって変化します。

　注意すべきは、書き手が「これで伝わるだろう」と思っていても、読む人にとっては、理解・納得できるレベルまで丁寧に具体化されていない（抽象度が高い）ケースです。

　大事なのは、書き手が好き勝手に具体化のレベルを決めるのではなく、読む人が理解・納得できるレベルまで具体化していくことです。

　1行ライティングから文章をふくらませていく作業は、すなわち、「柱」となる情報（＝抽象度が高め）を具体化していく作業と心得ておきましょう。

文章を書く前の「確認シート」

第1章の中でお伝えした「テンプレートを使う前に確認すべき5つのこと」。この5つをしっかりと確認しておくことで、文章が書きやすくなるほか、文章のクオリティも格段に高まります。結果的に、その文章の目的が達成されやすくなります。

① その文章を書く目的は何？

② 読む人は誰か？

③ 読む人のニーズは何か？

④ 読む人にどんな反応をしてもらいたい？

⑤ 読む人の知識レベルはどうか？

「列挙型」で
ストレスフリーな
道案内をしよう

複数の情報を整理して伝えるときに便利なのが、「列挙型」。列挙型を使えば、伝えたいことがたくさんめるときも、相手を混乱させずに伝えることができます。

複数の情報を整理して伝える
「列挙型」

📝 列挙型のテンプレートとは？

　列挙型とは、あるひとつのテーマについて、いくつかのポイントに分けて伝えるテンプレートです。

　冒頭で、これから伝えるテーマと、列挙するポイントの数を示したのち、ポイントをひとつずつ順番に伝えていきます。

列
挙
型

【列挙型の文章】

　鈴木医師が警鐘を鳴らしているのは、以下の３点です。ひとつめが、慢性的な睡眠不足。ふたつめが過度なストレス。みっつめが偏った食事です。この３点が改善されると、格段に体調がよくなるそうです。

内容を分解してみましょう。

A 全体像を伝える	鈴木医師が警鐘を鳴らしているのは、以下の３点です。
▼	
B 列挙ポイント1	ひとつめが、慢性的な睡眠不足。
▼	
C 列挙ポイント2	ふたつめが、過度なストレス。
▼	
D 列挙ポイント3	みっつめが、偏った食事です。

E
まとめる

この３点が改善されると、格段に体調がよくなるそうです。

Aの「全体像を伝える」で、この先でいくつのポイントを挙げるのか、具体的な数を示します。そうすることで、読む人の心の準備が整い、続きの文章を受け取りやすくなります。

これは、文章に限らず、伝え方の上手な人が、日頃からよく実践している構成です。

たとえば、結婚披露宴での主賓スピーチ。話し方が下手な人は、自分が言いたいことを、ダラダラと要領を得ないまま話し続けます。披露宴参加者は、話の内容が頭に入ってこず、「結局、何が言いたいの？」「いつまで続くの？」とじれったさや、もどかしさを感じます。

一方、スピーチ上手な人は、話の冒頭で「**今日は未来ある新郎新婦に、夫婦関係を円満に保つ秘訣を３つお伝えします**」、あるいは、「**新郎の大輝くんに、わたしから２つのお願いがあります**」のように、話の全体像を伝えます。

「話の全体像を伝える」は「話の地図を渡す」と言い換えてもいいでしょう。地図を渡された聞き手は、話の進む方向を把握することで、続きの話に集中しやすくなります。

【原文（伝わらない文章）】

わたしがおすすめする習慣は読書です。本を読むことは、自分の知らない世界を旅することにほかなりません。本を読むことで、知識と教養が深まり、語彙力も鍛えられます。語彙力が鍛えられると、いろいろな場面で適切な言葉を使えるようになります。しょせん、自分ひとりの経験や体験から手に入る知識や教養などたかがしれています。本に書かれている多種多様な情報に触れながら、知識と教養を深め、同時に、語彙力を強化できることは、読書で得られる大きな喜びです。

それから、本を読むと他者への寛容さが増します。本の中には自分とは価値観や人生観の違う人がたくさん登場するからです。さまざまな人の考え方に触れることによって、自分とは異なるタイプの人に対しても寛容になることができます。人間としての器も大きくなります。読書をすることで、自己成長が促されるほか、人生や仕事の可能性も広がります。

最もコストパフォーマンスの高い自己投資。それが読書ではないでしょうか。そうそう、語彙力というのは、単に言葉を知っているかどうかを指すのではありません。そのつど最適な言葉を使う"活用能力"までを指します。

お世辞にも読みやすい文章とはいえません。情報がごちゃ混ぜで整理されていないからです。おそらく、書き手が思いついたことを次々に書いていったのでしょう（おそらく読み返すこともなく）。

　本人は書きたいことを書きたいように書いて満足かもしれません。しかし、読む人にとってはいい迷惑です。内容を理解するのに骨が折れます。文章がくどいうえ、行く先も見えないため、読み進めるうちに集中力も低下します。読む人に不親切な文章といわざるを得ません。

　このように、並列関係にある情報をたくさん書くときに（書かなくてはいけないときに）重宝するのが、列挙型のテンプレートです。

【 修 正 文 （ 列 挙 型 の 文 章 ）】

A
全体像を伝える

　わたしがおすすめする習慣は読書です。読書で得られるおもなメリットは以下の３つです。

▼

B
列挙ポイント 1

　ひとつめは、「知識と教養の深まり」です。自分ひとりの経験や体験から手に入る知識や教養などたかがしれています。本に書かれている多種多様な情報に触れながら、知識と教養を深めていけることは、読書で得られる大きな喜びです。

▼

　ふたつめは、「語彙力の強化」です。語彙力という

C 列挙ポイント2	のは、単に言葉を知っているかどうかのみならず、そのつど最適な言葉を使う"活用能力"までを指します。読書で得られる言語活用能力は、その人のアウトプット（話す・書く）の質を高めてくれます。
▼	
D 列挙ポイント3	みっつめは、「他者への寛容さが増す」です。本の中には自分と異なる価値観や人生観をもつ人がたくさん登場します。さまざまな人のさまざまな考え方に触れることで、"異質な人＝他者"への寛容さが培われます。「人間としての器が大きくなる」と言い換えてもいいでしょう。
▼	
E まとめる	読書をすることで、人間的な成長が促されるほか、人生や仕事の可能性も広がります。最もコストパフォーマンスの高い自己投資。それが読書ではないでしょうか。

　冒頭で「何を」「いくつ」伝えるかを明確にすることは、読む人に「話の地図」を渡すことです。そのうえで、その地図に従って、一つひとつ順番にポイントを列挙していきました。

　「3つある → ひとつめは〜 → ふたつめは〜 → みっつめは〜」と、丁寧にリレーのバトンを渡すかのように流れる修正文は、「読みやすさ」と「理解のしやすさ」の両面で、原文に勝っています。読む人に優しい文章といえるでしょう。

列挙型の使い方のコツ①
文章の行き先を伝えよう

列挙型テンプレートの最大の特徴は、Ａの「全体像を伝える」です。

文章の冒頭で「何を」「いくつ」伝えるかを明確にすることで、読む人は、続きの文章の行き先を把握することができます。すると、その先の文章の理解度が高まります。

> ・行き先が不明 → 読む人は不安。続きの文章がパっと理解で
> 　　　　　　　　きない恐れがある。
> ・行き先が明確 → 読む人は安心。続きの文章がパっと理解で
> 　　　　　　　　きる。

以下は、Ａの「全体像を伝える」の一例です。

・わたしがこのボールペンを愛用している理由は２つあります。

・「学生起業」のメリットは以下の３つです。

・１日30分のウォーキングで得られる健康効果は５つです。

・今日はメンバーに3つのお願いがあります。

・弊社では、今年に入ってから4つの取り組みを行っています。

・スマホ依存症かどうかを見極めるポイントが5つあります。

列挙型

　なお、「全体像を伝える」では、数字を用いずに、あえて「いくつかの〇〇があります」と示す書き方もあります。

・時間効率を高めるいくつかの方法があります。

・卒業するためには、いくつかのテストにパスしなければなりません。

・この問題を解決するには、いくつかのアプローチが考えられます。

「読む人を、少しじらす」という狙いがあるなら、この書き方もNG ではありません。一方で、読む人をじらす必要がないようなら、具体的な数字で示したほうが親切です。

・時間効率を高める4つの方法があります。

・卒業するためには、3つのテストにパスしなければなりません。

・この問題を解決するには、3通りのアプローチが考えられます。

列挙型の使い方のコツ②
列挙ポイントはまず簡潔に

　冒頭で全体像を伝え終えたら、その先の文章では、伝えるべき事柄（列挙ポイント）を一つひとつ伝えていきます（B〜D）。

　以下は、B以降でポイントを列挙するときの代表的な接続フレーズです。

[B] 第一に〜	[B] 一点目は〜	[B] ひとつめは〜
↓	↓	↓
[C] 第二に〜	[C] 二点目は〜	[C] ふたつめは〜
↓	↓	↓
[D] 第三に〜	[D] 三点目は〜	[D] みっつめは〜

　また、B〜Dでポイントを列挙するときは、列挙する冒頭で、それぞれ伝えたいメッセージの結論を簡潔に伝えましょう。先ほどの修正文（52ページ）であれば、以下が該当箇所です。

　[B] ひとつめは、「知識と教養の深まり」です。

　[C] ふたつめは、「語彙力の強化」です。

[D] みっつめは、「他者への寛容さが増す」です。

　もしも、列挙する項目の冒頭で、ダラダラと要領を得ない文章を書いてしまうと、理解しにくい文章になりかねません。

【列挙項目でダラダラ書いてしまう悪例】
　ひとつめですが、そもそも、自分ひとりの経験や体験から手に入る知識や教養などたかがしれています。本に書かれている多種多様な情報に触れながら、知識と教養を深めていけることは、読書をするときの大きな喜びです。そう、「知識と教養の深まり」が手に入るのです。

　くどくどしい説明描写が続き、結論を後回しにしています。せっかく情報を整理して伝える列挙型を用いているにもかかわらず、一つひとつの列挙ポイントをダラダラと書いてしまっては意味がありません。

「ひとつめですが、〜」はご法度！

　列挙するときの接続フレーズ「ひとつめですが、〜」という書き方もよくありません。
　この「が」は、いわゆる逆説用途の「が」ではなく、意味のない「が」です。この「が」を使うと、その後の文章がダラダラしやすく、結論が先延ばしになることもしばしばあります。

　その点、「ひとつめは、〜」と書けば、即座に「○○です」と

呼応しやすくなります。その結果、主語と述語の関係性が明確な、簡潔でわかりやすい文章になります。

　列挙ポイントの冒頭では、この「**ひとつめは、○○です**」の書き方をおすすめします。

COLUMN

SNSに効く小技①
あれこれ伝えたいときほど整理せよ！

　本や映画の感想から、旅行やグルメの感想まで、気軽に自分の気持ちや考えを投稿できるのが SNS のいいところ。とはいえ、頭に思い浮かんだことをダラダラと書き綴っては、読んでもらえないかもしれません。

　伝えたいことがたくさんあるときほど、伝える内容を整理して列挙型で伝えましょう。「映画○○の見どころは３つあります！」「この本で学んだことは、大きく２つです」「○○氏の講演を聴いて、自分に５つの ToDo を課しました」など。

　テーマと数字を示されると、読む人はその内容を知りたくなるものです。

列挙型の使い方のコツ③
まとめは「共通項を抽象化」する

　B〜Dで列挙ポイントを書き終えたら、最後にEの「まとめる」を書きます。まとめの文章を書くときには、列挙ポイントを総括する意識が必要です。

　先ほどの例文では、「知識と教養の深まり」「語彙力の強化」「他者への寛容さが増す」という3つのメリットを、未来志向で総括しています。

　読書をすることで、人間的な成長が促されるほか、人生や仕事の可能性も広がります。

　さらに、書き手のメッセージ（最も伝えたいこと）で文章を終わらせています。

　最もコストパフォーマンスの高い自己投資。それが読書ではないでしょうか。

　列挙ポイントが「具体化」だとすれば、最後のまとめは「抽象化」です。列挙ポイントを俯瞰しつつ、列挙ポイントの傾向や共通点を見つけ出すことで、スマートなまとめができるでしょう。

列挙型の例文① PR文（カタログ文章）
「料理代行サービスのご案内」

📄 1行ライティングで柱を作る

まずは1行ライティングで文章の柱を作ります。

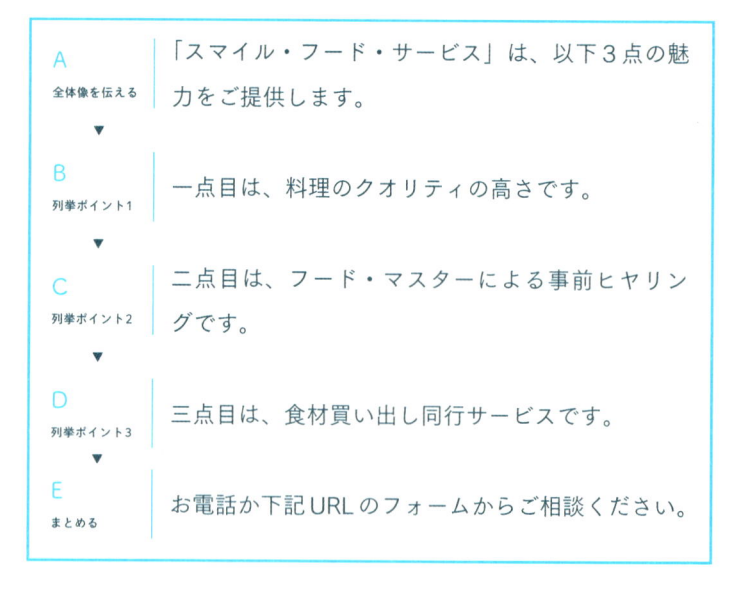

A 全体像を伝える	「スマイル・フード・サービス」は、以下3点の魅力をご提供します。
▼	
B 列挙ポイント1	一点目は、料理のクオリティの高さです。
▼	
C 列挙ポイント2	二点目は、フード・マスターによる事前ヒヤリングです。
▼	
D 列挙ポイント3	三点目は、食材買い出し同行サービスです。
E まとめる	お電話か下記URLのフォームからご相談ください。

次に各パートをふくらませていきます。

A
全体像を伝える

弊社の「スマイル・フード・サービス」は、食事作りのプロが、あなたのご自宅のキッチンで、真心を込めて食事を作る料理代行サービスです。お客様には、とくに以下3点の魅力をご提供します。

▼

B
列挙ポイント1

一点目は、料理のクオリティの高さです。ご自宅へうかがうフード・マスター（料理人）は、全員、弊社研修センターでの3ヶ月の厳しいトレーニングをパスしています。料理の実力には自信を持っており、お客様からは「世代を超えて味わえるおいしさ」と太鼓判をいただいています。

また、ご要望とあれば、スピーディにたくさんの品数を作ることもできます（時間内であれば作る品数は無制限）。フード・マスターは、作り置き用のレシピも豊富に取りそろえています。

▼

C
列挙ポイント2

二点目は、フード・マスターによる事前ヒヤリングです。あらかじめ、お電話にて食べ物の好き嫌いやご要望を詳しくお聴きすることで、お客様にご満足いただける料理を提供いたします。

▼

三点目は、食材買い出し同行サービスです。ご希

| D 列挙ポイント3 | 望であれば、フード・マスターが食材の買い出しに同行します。スーパーなどで一緒に食材を見ながら、気軽にメニューをご相談ください。 |
| E まとめる | お客様の多彩なニーズに合わせて、そのつど最適な料理を提供するのがスマイル・フード・サービスのポリシーです。まずはお電話か下記 URL のフォームからご相談ください。 |

　サービスの PR 文章ですので、その目的は、読む人（＝サービスに興味をもっている人）に納得してもらい、最終的にサービスに申し込んでもらうことです。

「料理のクオリティの高さ」「フード・マスターによる事前ヒヤリング」「食材買い出し同行サービス」の３点をふくらませることで（具体的に書き出すことで）、サービス内容に対する理解度が高まりました。

　列挙型でポイントが整理されているため、一つひとつのポイントが頭にスーっと入ってきます。仮に、これらのポイントをごちゃ混ぜに伝えてしまうと、読む人の理解度が下がり、大事なポイントが読み流されかねません。

　もちろん、サービスの魅力は３つではなく、５つでも、７つでも OK です。とくに、提供するサービスの価格帯が高めのケースでは、サービスの魅力が多いほど、成果（＝申し込み）につなが

りやすくなります。

　筆者はよく「適切な文章の量はどれくらいですか？」という質問を受けます。この質問への答えは「目的を達成するために必要な量です」以外にありません。

　1000 円程度の商品であれば 5 〜 10 行の文章でも売れるかもしれませんが、よほどのブランド力がない限り、5 〜 10 行の文章で 3 万円の商品を売るのは至難の業でしょう。セールス文章では、価格相応の説得力が必要だからです。

　サービスの PR 文章であれば、読む人に、そのサービスに申し込んでもらうことが目的です。その目的を達成するためには、読む人の購買意欲を高め、「買おう」と決意させるに十分な文章量が必要になります。

　販売する商品・サービスの内容や価格に応じて、盛り込む内容と文章量をコントロールしましょう。

列挙型の例文② 会議報告文（ビジネス文章）
「展示会ブース出店に関する決定事項」

📋 1行ライティングで柱を作る

まずは1行ライティングで文章の柱を作ります。

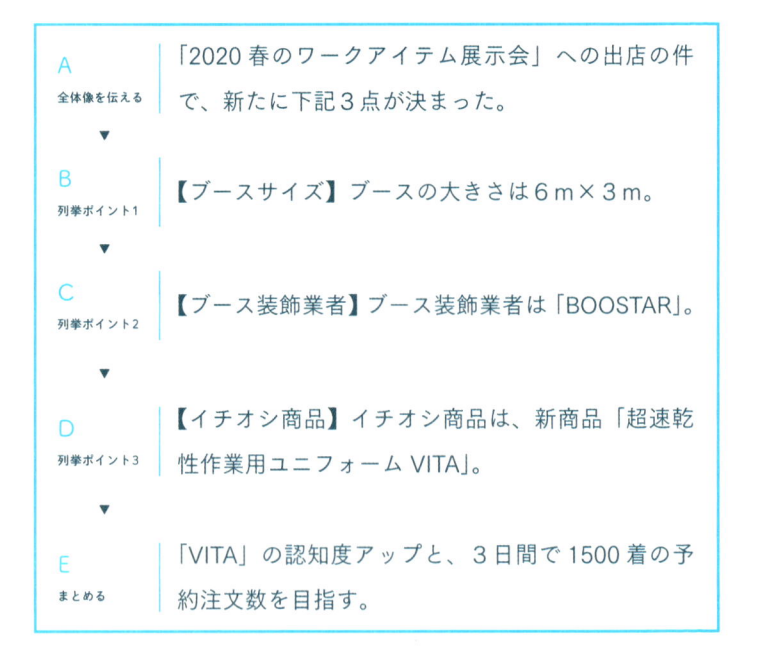

A 全体像を伝える	「2020春のワークアイテム展示会」への出店の件で、新たに下記3点が決まった。
▼	
B 列挙ポイント1	【ブースサイズ】ブースの大きさは6m×3m。
▼	
C 列挙ポイント2	【ブース装飾業者】ブース装飾業者は「BOOSTAR」。
▼	
D 列挙ポイント3	【イチオシ商品】イチオシ商品は、新商品「超速乾性作業用ユニフォームVITA」。
▼	
E まとめる	「VITA」の認知度アップと、3日間で1500着の予約注文数を目指す。

次に、各パートをふくらませていきます

A
全体像を伝える

昨日（21日）行ったプロジェクト会議のご報告をします。「2020春のワークアイテム展示会」への出店について、新たに下記3点が決まりました。

▼

B
列挙ポイント1

【ブースサイズ】
ブースの大きさは6m×3mです。例年よりひと回り小さいサイズですが、添付資料のとおり、2面が通路に面する角地（C−2）です。また、通路のうちひとつは、会場正門からステージへと続くメイン通路のため、前回の2倍以上の通行量が見込まれます。

▼

C
列挙ポイント2

【ブース装飾業者】
ブース装飾業者は「BOOSTAR」に依頼します。「BOOSTAR」は40年以上の歴史を誇る展示会ブース装飾の老舗で、看板を使って商品の特長を訴求する「視覚的な伝達力」を得意としています。すでにイベント班とは数回の打ち合わせを重ねており、ブースデザイン案も届いています（現在、上層部にて選定中）。

▼

【イチオシ商品】

展示会でのイチオシは、新商品「超速乾性作業用ユニフォーム VITA」に決まりました。昨今、熱中症対策アイテムの需要が伸びるなか、最新の速乾技術を用いた「VITA」は、将来的に弊社のフラッグシップになる可能性を秘めています。展示会では、速乾体感スペースを設けるなど、積極的にアピールしていきます。

今回の展示会では、「VITA」の認知度アップと、3日間で 1500 着の予約注文数を目指します。引き続き、よろしくお願いいたします。

　会議の決定事項をプロジェクトメンバーに報告するビジネス文章です。この例文では、展示会の出店に関する3つの決定事項を、列挙型テンプレートを使って報告しています。

　ビジネス文章の場合、列挙するときに、箇条書きの形式を採用することも珍しくありません（情報伝達に優れているため）。
　この例文でも、完全な箇条書き形式ではありませんが、【ブースサイズ】【ブース装飾業者】【イチオシ商品】という具合に、「すみつきカッコ（【】）」を用いて、3つの伝達ポイントをわかりやすく伝えています。

　それぞれのポイントをどこまで具体的に書くかは、読む人がどこまでの情報を求めているかによります。1行ライティングを少

しふくらませる程度で事足りるケースもあれば、それぞれの列挙ポイントを、さらにふくらませたほうがいいケースもあります。

　仮に【ブース装飾業者】について、より詳しい情報が必要なら、さらに噛み砕いて書かなければいけません。

列挙型

【ブース装飾業者】
ブース装飾業者は「BOOSTAR」に依頼します。「BOOSTAR」は40年以上の歴史を誇る展示会ブース装飾の老舗で、これまでに〇〇社や〇〇カンパニーをはじめ、1300社以上のブース装飾に携わっています。
とくに看板を使って商品の特長を訴求する「視覚的な伝達力」を得意としており、キャッチコピーやロゴデザイン、配色、電飾などに工夫を凝らしたブースのPR力は、各展示会で抜群の集客力を発揮。「BOOSTAR」への変更により、集客率や商談率、売上率が3倍以上にアップした企業も少なくありません。
すでにイベント班とは数回の打ち合わせを重ねており、弊社の出店内容と商品ベネフィットを際立たせたブースデザイン案も届いています（現在、上層部にて選定中）。

C
列挙ポイント2

　マーカーをひいた箇所が"ふくらませた文章"です。文章をふくらませる作業は、先ほどもお伝えしたとおり、情報を具体化し

ていく作業です。

　もしも具体化できないとしたら、多くの場合、それはインプット不足です。「資料をあたる」「人から話を聞く」「実際に行く（使う）」などして、文章作成に必要な情報を集めましょう。

SNSに効く小技②
ランキングスタイルで興味を誘おう！

　SNSでプライベートな投稿をするときは、個人的な○○ランキングを公開してみるのもオススメです。

　たとえば、「わたしの大好きな映画トップ5」と宣言して「第1位：グラン・トリノ　第2位：ガタカ　第3位：ゆれる　第4位：恋愛小説家　第5位：インファナル・アフェア」と発表します。「好きなパン、個人的ベスト3」であれば「第1位：レーズンパン　第2位：シナモンロール　第3位：クロワッサン」という具合です。

　ランキングも、広い意味では列挙型。わかりやすいうえ、エンターテインメント性もあるため、大きな反響を呼ぶかもしれません。それぞれの理由を添えればなおヨシです。

列挙型の例文③ ノウハウ提供（ブログ記事）
「夏バテを防ぐ３つの食材」

📑 1行ライティングで柱を作る

まずは１行ライティングで文章の柱を作ります。

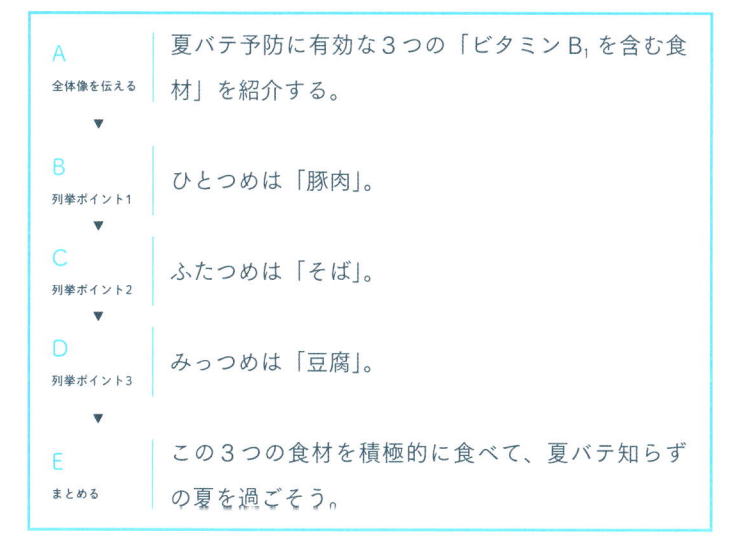

A 全体像を伝える	夏バテ予防に有効な３つの「ビタミン B_1 を含む食材」を紹介する。
▼	
B 列挙ポイント1	ひとつめは「豚肉」。
▼	
C 列挙ポイント2	ふたつめは「そば」。
▼	
D 列挙ポイント3	みっつめは「豆腐」。
▼	
E まとめる	この３つの食材を積極的に食べて、夏バテ知らずの夏を過ごそう。

次に、各パートをふくらませていきます。

📋 ふくらませて文章を完成させる

A
全体像を伝える

酷暑続きの今日この頃。夏バテしないためには、どのような食生活を心がければいいのでしょうか？　ポイントは乳酸の除去効果に優れていて、"疲労回復ビタミン"とも呼ばれているビタミン B_1 の摂取です。今回は、このビタミン B_1 を含む、夏バテ予防に抜群の効果を発揮する食材３つをご紹介します。

▼

B
列挙ポイント1

＜１＞豚肉

ひとつめは「豚肉」です。実は豚肉は、牛肉や鶏肉の５〜 10 倍のビタミン B_1 を含んでいます。

豚肉というと、値段が安い「豚バラ肉」を思い浮かべる人もいるかもしれませんが、豚バラ肉は脂身が多く、ビタミン B_1 も少なめなので夏バテ予防には向いていません。

夏バテの予防を目的に豚肉を選ぶなら、ビタミン B_1 を多く含む「豚ヒレ肉」や「豚モモ肉」、つまり、赤みの多い部位を食べるようにしましょう。

さらに、豚肉と一緒に食べるなら、たまねぎやニンニクがおすすめです。たまねぎやニンニクに含まれている「アリル化合物」がビタミン B_1 の吸収率を高め、疲労回復スピードを速めます。

＜2＞そば

ふたつめは「そば」です。おそばには、ビタミンB_1のみならず、体全体の抵抗力を高めるビタミンB_2、それに、良質のタンパク質や食物繊維も多く含まれています。栄養満点のオクラやとろろをトッピングすれば、より高い疲労回復効果が期待できます。

なお、小麦粉を主成分とするそばは、オススメできません。十割そば（そば粉100％）や、八割そば（そば粉80％）など、そば粉の割合が高いもの（＝ビタミンB_1を豊富に含むもの）を選びましょう。

C
列挙ポイント2

＜3＞豆腐

みっつめは「豆腐」です。のどごしがよく、冷たい状態でも食べられるので夏場にぴったり。良質なタンパク質のほか、ビタミンB_1も豊富に含まれています。定番はやはり「ひややっこ」。トッピングには、疲労回復効果がある辛味成分「ジンゲロン」を含んだ生姜がおすすめです。

なお、生姜とニンニクを加えた麻婆豆腐を、汗を流しながら食べるのも、夏バテ予防に有効。ニンニクに含まれる「アリシン」には、ビタミンの吸収を助ける働きがあります。

D
列挙ポイント3

　ブログ記事でも列挙型のテンプレートは重宝します。夏バテ予防＆回復の食材として「豚肉、うなぎ、枝豆、にら、玄米、ごま、梅干し、レモン、レバー、サバ、パセリ、ブロッコリー、赤身の魚、スイカ、アボカド、納豆、バナナ、キュウリ……」という具合に、食材名だけ挙げられても、読む人は受け取りきれません。

　この手の記事では、信憑性と説得力が物を言います。それぞれの食材に含まれる栄養や、それらの栄養がいかに夏バテ予防に有効であるかを示せなければ、読む人を納得させることはできません。

　その点、食材を３つに絞った例文は、読む人の意識と集中力を高め、「その３つの食材さえ食べればOKなのね」という心理的な安心感を生み出します。

　もちろん、そうした安心感を与えるためには、これらの食材が「なぜ夏バテ予防に効くのか？」について、十分な根拠を示す必要があります。

　例文では、３つの食材の栄養成分とその効果について具体的に書いています。さらに、それぞれの食材におすすめのトッピングも併記することで、よりお得な情報へと昇華させています。

なお、冒頭に「ポイントは乳酸の除去効果に優れていて、"疲労回復ビタミン"とも呼ばれているビタミン B_1 の摂取です」という有益情報を盛り込んだ点も、この記事への興味を引く重要な役割を果たしています。

仮に、ここを「ポイントはビタミン B_1 の摂取です」とあっさり書いてしまうと、さほど興味がわきません。

列挙型の冒頭にくる「全体像を伝える」パートでは、続きの文章に興味をもってもらえるよう、盛り込む内容や、書き方に工夫を凝らしましょう。

COLUMN

SNSに効く小技③
ベストセラー本に学ぶ「脳の情報処理」のヒミツ

精神科医の樺沢紫苑氏のベストセラー著書『学び効率が最大化するインプット大全』（サンクチュアリ出版）に、以下のような記述があります。

「脳が一度に記憶して処理できる情報は3つまでで、それ以上を処理しようとすると、脳はパンクして全部忘れてしまう」。

これは、やみくもに列挙数が多ければいいわけではないことの裏付けではないでしょうか。Facebook や Instagram などの SNS では、ただでさえ文章が読み流されがちです。

あれこれ伝えたくなったときほど「あえて3つに絞る」。そんな意識をもっておきましょう。

列挙型の例文④ 問い合わせ文（メール）
「貴社の新サービスについて」

📋 1行ライティングで柱を作る

まずは1行ライティングで文章の柱を作ります。

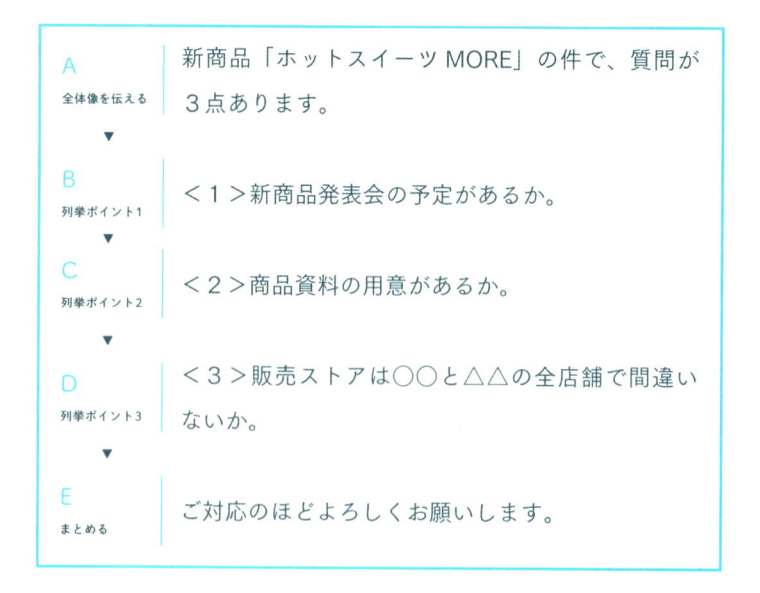

A 全体像を伝える	新商品「ホットスイーツ MORE」の件で、質問が3点あります。
▼	
B 列挙ポイント1	＜1＞新商品発表会の予定があるか。
▼	
C 列挙ポイント2	＜2＞商品資料の用意があるか。
▼	
D 列挙ポイント3	＜3＞販売ストアは○○と△△の全店舗で間違いないか。
▼	
E まとめる	ご対応のほどよろしくお願いします。

次に、各パートをふくらませていきます。

株式会社ティネル　広報部
佐藤一美 様

いつもお世話になっております。
○○出版の△△編集部の山口です。

A
全体像を伝える

小誌 12 月号（11 月 26 日発売）の「Brand New Goods」にて、貴社の新商品「ホットスイーツ MORE」を取り上げたく企画を検討しております。

つきましては、質問が 3 点ございます。

▼

B
列挙ポイント1

＜ 1 ＞
新商品発表会のご予定はございますか。
（試食会など、取材可能なイベントでも構いません）

▼

C
列挙ポイント2

＜ 2 ＞
商品資料のご用意はございますか。
もしあれば、メールでお送りいただくことは可能でしょうか。

▼

<table>
<tr><td>D
列挙ポイント3</td><td>＜3＞
販売ストアは○○と△△の全店舗でお間違いない
でしょうか。
▼</td></tr>
<tr><td></td><td>以上です。</td></tr>
<tr><td>E
まとめる</td><td>小誌の紹介記事が「ホットスイーツ MORE」の認
知度アップにつながれば幸いです。

ご多忙のところ誠に恐れ入りますが、ご確認いた
だけると助かります。どうぞよろしくお願いいた
します。</td></tr>
</table>

　メールの場合、相手に何かを伝える、あるいは、何かしらの質問や確認をするケースが多いでしょう。連絡事項や質問事項が複数あるときに、列挙型のテンプレートが役立ちます。

　仮に、列挙型を使わずに文章を書いた場合、どのような文面になってしまうのでしょうか。以下は列挙型を用いずに書いた文章例です（宛名やあいさつは省略します）。

　小誌 12 月号（11 月 26 日発売）の「Brand New Goods」にて、貴社の新商品「ホットスイーツ MORE」を取り上げたく企画を検討しておりますが、新商品発表会のご予定と、商品資料のご用意はございますか。

　もしあれば、メールでお送りいただくことは可能でしょ

うか。（試食会など、取材可能なイベントでも構いません）

　小誌の紹介記事が「ホットスイーツ MORE」の認知度アップにつながれば幸いです。

　あわせて、販売ストアが○○と△△の全店舗でお間違いないかもご確認いただけると助かります。

　ご多忙のところ誠に恐れ入りますが、ご確認いただけると助かります。どうぞよろしくお願いいたします。

　内容自体は同じですが、バラバラとまとまりなく質問してしまっているため、メール受信者が、質問事項を読み落としてしまう恐れもあります。質問した３点のうち２点しか返答がない、という残念な結果を招いてしまうかもしれません。

　知りたい答えが返ってこなかった場合、それは、いったい誰の責任でしょうか？　メールを受信した相手の責任……ではありません。相手が理解しにくい（質問事項を把握しにくい）メールを送った送信者の責任です。

　３つの質問への回答を確実にもらいたいなら、文章構成に工夫を凝らす必要があります。その工夫のひとつが列挙型テンプレートの活用です。列挙型であれば、少なくとも、いくつの質問を受けたのか、メール受信者が見落とすことはないはずです。

なお、メールの文面は、通常の文章とは違い、文章を受け取る相手とのコミュニケーション要素が強めです。自分都合の用件をただ伝えるだけでなく、シチュエーションに応じて、**必要な背景説明や、相手への気遣いを示す言葉も盛り込む**ことも検討しましょう。

　例文では、雑誌で商品を取り上げたい旨を伝えるほか、新商品の認知度アップのお役に立ちたい旨も伝えています。どちらも相手が喜ぶメリットです。

　気遣いを示す「ご多忙のところ誠に恐れ入りますが〜」のようなクッション言葉も、メール受信者に要望を受け入れてもらううえで欠かせません。

　相手の顔が見える対面と違い、メールは誤解を招きやすいコミュニケーション方法です。相手の気持ちを害さないよう、言葉遣いにも工夫を凝らしましょう。

列挙型の効果を高めるコツ①
列挙する数は２〜７つで

　列挙型のＡ「全体像を伝える」で示す数は、２〜７つがおすすめです。さらにいえば、**奇数のほうが「引っ掛かりを感じる」**ことから、３や５、７がよく使われます。

　列挙項目が８つ以上あると、読む人に「多すぎる」と思われて、受け取ってもらいにくくなります。

　たとえば、冒頭で「大事なポイントが８つあります」と書いた場合、８つという量の多さが読む人の心理的な負担となり、その時点で文章を読むのをやめてしまう人もいます。

　いくら内容がすばらしくても、読んでもらえなければ“無価値な文章”です。仮に読んでもらえたとしても、列挙ポイントが多すぎるせいで、覚えてもらいにくくなることもデメリットといえるでしょう。

　ある心理学の研究では、人間が短い間覚えていられる記憶容量は「７±２」であることが判明しています。

　この点も考慮すると、列挙するポイントは、多くても７つまでに抑えておいたほうがいいでしょう。

列挙型の効果を高めるコツ②
重要度が高い→低い順に並べる

　多くの場合、列挙するポイントは、その順序を入れ替えても成り立ちます。たとえば、列挙ポイント１と３の文章を入れ替えても、文章自体が破綻するわけではありません。

　とはいえ、**読む人にとっては、列挙ポイント１のほうが、列挙ポイント３よりも重要度が高く感じられるものです。**

　たとえば、筋トレをする効果に「太りにくくなる」と「睡眠が深くなる」というふたつがあるとします。この場合は、列挙ポイント１で示したほうがいい効果はどちらでしょうか？

　答えは「ケース・バイ・ケース」です。その文章のテーマが「理想のスタイルが手に入る筋トレのすすめ」であれば、列挙ポイント１は「太りにくくなる」が適切です。一方、テーマが「筋トレは疲れたココロの処方箋？」であれば、列挙ポイント１は「睡眠が深くなる」が適切です。

　読む人が列挙ポイント１を重視する傾向がある限り、書き手が好き勝手に情報を並べてはいけません。とくに、**思いついた順に書くクセがある人は要注意です。** 書き手が最も重視している情報を列挙ポイント１で伝え、そのあとは、重要度が「高い→低い」の順番で列挙していきましょう。

列挙型の効果を高めるコツ③
列挙カテゴリーをふたつ盛り込む

　列挙ポイントのカテゴリーがふたつあるときにも、列挙型のテンプレートが使えます。カテゴリー①とカテゴリー②に、それぞれ３つずつ列挙ポイントがあるときは、「①－１ → ①－２ → ①－３ → ②－１ → ②－２ → ②－３」のような流れで進みます。

A 全体像を伝える	新築を建てるとき、吹き抜けのリビングを検討する人が少なくありません。吹き抜けのリビングには、大きくふたつのメリットとひとつのデメリットがあります。
▼	
B 列挙ポイント ①－１	メリットのひとつめは「開放感」です。リビングが広く感じられるほか、上方に採光窓を採用することにより、リビング全体を明るく演出することもできます。
▼	
C 列挙ポイント ①－２	メリットのふたつめは「風通しのよさ」です。低い位置の窓と高い位置の窓の間を空気が流れるため、自然換気を促すことができます。天井にシーリングファンを設置すれば、空気の循環効果はさ

らに高まります。

▼

D
列挙ポイント
②−1

一方のデメリットは、「冷暖房効果の低さ」です。吹き抜けのリビングでは、空間が広くなる分、どうしても冷暖房の効きが悪くなります。冬場は暖かい空気が上方へ逃げていきやすく、夏場は太陽光が多く注ぎ込む分、熱がこもりやすくなります。

▼

E
まとめる

リビングを吹き抜けにするか否かは、メリットとデメリットを十分に勘案したうえで決めましょう。

　例文では「①−1 → ①−2 → ②−1」と流れています。カテゴリー①は「吹き抜けのメリット」で、カテゴリー②は「吹き抜けのデメリット」です。仮にこの文章を「①−1 → ②−1 → ①−2」の流れにしてしまうと、読む人は混乱しかねません。

　複数のカテゴリーがある状態で列挙型を使うときは、異なるカテゴリーの列挙ポイントを混在させてはいけません。カテゴリー①の情報を列挙し終えてからカテゴリー②へ移る、という具合に、カテゴリーごとに列挙しましょう。

列挙型の効果を高めるコツ＜番外編＞
「全体像を伝える」で「ひとつ」を示す？

　言うまでもありませんが、ひとつの事柄を伝えるときは、列挙型の出番ではありません。ただし、**" そのひとつ " を強調する手段として、列挙型のパーツ「全体像を伝える」を用いることはできます**。以下のフレーズは、その一例です。

・どんなに仕事が忙しくても残業しなくて済む方法がひとつだけあります。

・ブラックジャックの必勝法はひとつだけ。○○することです。

・身だしなみに気を配る人が成功しやすい理由は、たったひとつです。

・あれこれは言いません。子どもの成績を伸ばしたいなら、これからお伝えする「たったひとつの習慣」を、お母さん自身が実践してください。

・大人気サービスの○○にも、ひとつだけ落とし穴があります。

「○○がひとつあります」と伝えることで、そのひとつが" 極めて重要である "というメッセージが伝わります。

【例文1】

　ロケでスナップ写真を撮る際は、背景に緑を入れることで、斉藤さんのソフトで温かい人柄が伝わりやすくなります。

【例文2】

　ロケでスナップ写真を撮る際、意識してもらいたいポイントがひとつだけあります。それは「背景に必ず緑を入れる」ということです。緑を入れることで、斉藤さんのソフトで温かい人柄が伝わりやすくなります。

　例文1も2も、書かれている内容は同じです。

　しかし、読む人にポイントの理解を促せているのは、冒頭で「意識してもらいたいポイントがひとつだけあります」と念押しした例文2ではないでしょうか。

　あえて「ひとつ」と書くことで、そのひとつの重要性が強調され、読む人の集中力が高まります。

列挙型のアレンジ①
「はじめに／最初に」→「つづいて」→「最後に」と流れる

　列挙型テンプレートのアレンジのひとつに＜「はじめに／最初に」→「つづいて」→「最後に」＞の接続フレーズを用いるパターンがあります。**列挙ポイントが並列関係でなく、時系列で並んでいるケース**が、このアレンジの出番です。

A 全体像を伝える	会員ポイントのご利用は、次の３つの手順で行います。
▼	
B 列挙ポイント1	はじめに、専用のアプリ○○にログインしてください。
▼	
C 列挙ポイント2	つづいて、マイページから「ポイントを使う」をタップしてください。
▼	
D 列挙ポイント3	最後に、使用するポイントを入力のうえ「確定」をタップしてください。
▼	

E まとめる	エラー画面が表示されたときは、一度ログアウトしてから、再度ログインし、同じ手順で手続きしてください。

　列挙ポイント 1 〜 3 は時系列に並ぶ情報のため、< 「はじめに／最初に」→「つづいて」→「最後に」>の流れが適しています。

　最後の「まとめる」では、不測の事態に備えたアナウンスをしています。**このように「まとめ」のパートは、総括的な内容だけでなく、補足的なアナウンスとして使うこともできます。**

　大事なことは、読者（利用者）にとってのわかりやすさです。場合によっては、列挙ポイントは、以下のように、箇条書きの形で示してもいいでしょう。

B 列挙ポイント1	手順 1 ：専用のアプリ○○にログインしてください。
▼	
C 列挙ポイント2	手順 2 ：マイページから「ポイントを使う」をタップしてください。
▼	
D 列挙ポイント3	手順 3 ：使用するポイントを入力のうえ「確定」をタップしてください。

列挙型のアレンジ②
「まず」→「次に／次いで」→「さらに／そして」と流れる

　＜「まず」→「次に／次いで」→「さらに／そして」＞の接続フレーズを用いるパターンもご紹介します。

A 全体像を伝える	人生において何か問題が生じたときの対処法はシンプルです。以下の3ステップで行います。
▼	
B 列挙ポイント1	まず、問題の原因を特定する。
▼	
C 列挙ポイント2	次に、その原因を取り除く。
▼	
D 列挙ポイント3	そして、再び同じ問題が生じないよう、予防措置を講じる。
▼	
E まとめる	この3ステップは、仕事から人間関係まで、人生で遭遇するあらゆる問題に使えます。

この＜「まず」→「次に／次いで」→「さらに／そして」＞は、時系列のパターンに使う＜「はじめに／最初に」→「つづいて」→「最後に」＞に置き換えることもできます。

　一方で、この＜「まず」→「次に／次いで」→「さらに／そして」＞は、以下の例文のように、**時系列ではない文章にも使えます**。これは＜「はじめに／最初に」→「つづいて」→「最後に」＞にはない性質です。

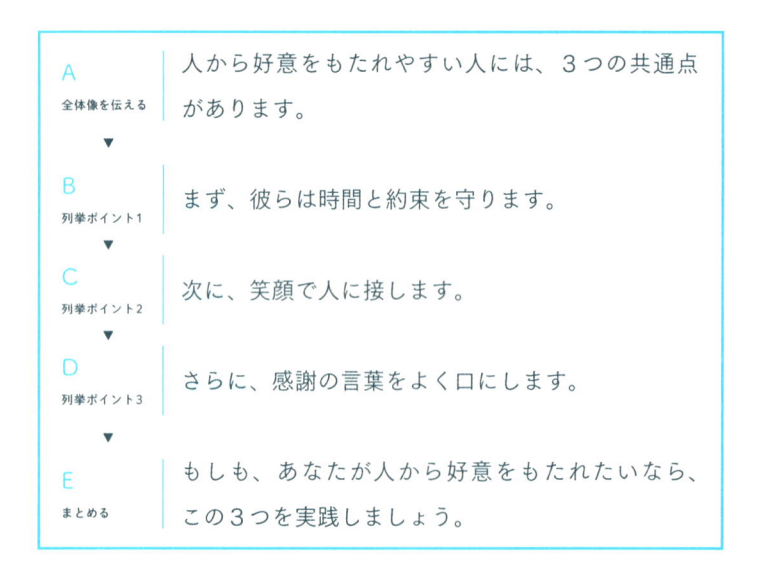

A 全体像を伝える	人から好意をもたれやすい人には、3つの共通点があります。
▼	
B 列挙ポイント1	まず、彼らは時間と約束を守ります。
▼	
C 列挙ポイント2	次に、笑顔で人に接します。
▼	
D 列挙ポイント3	さらに、感謝の言葉をよく口にします。
▼	
E まとめる	もしも、あなたが人から好意をもたれたいなら、この3つを実践しましょう。

「彼らは時間と約束を守ります」「笑顔で人に接します」「感謝の言葉をよく口にします」は順番を入れ替えても成立します。したがって、このケースでは＜「はじめに／最初に」→「つづいて」→「最後に」＞を使うことはできません。

一方、列挙型の基本である＜「第一に／ひとつめは」→「第二に／ふたつめは」→「第三に／みっつめは」＞への置き換えは可能です。以下は置き換えた文章です（少しかしこまった印象に変化します）。

A 全体像を伝える	人から好意をもたれやすい人には、３つの共通点があります。
▼	
B 列挙ポイント1	第一に、彼らは時間と約束を守ります。
▼	
C 列挙ポイント2	第二に、笑顔で人に接します。
▼	
D 列挙ポイント3	第三に、感謝の言葉をよく口にします。
▼	
E まとめる	もしも、あなたが人から好意をもたれたいなら、この３つを実践しましょう。

　最後に、ここまで紹介した接続フレーズの違いをまとめておきます。「並列」か「時糸列」かの違い、そして、受ける印象の違いによって使い分けましょう。

【接続フレーズによる違い】
「第一に／ひとつめは」→「第二に／ふたつめは」→「第三に／みっつめは」
→並列に並ぶ情報にのみ使える

「はじめに／最初に」→「つづいて」→「最後に」

→時系列で進む情報にのみ使える

「まず」→「次に／次いで」→「さらに／そして」

→並列に並ぶ情報と、時系列で進む情報のどちらにも使える

SNSに効く小技④
三語法を交えてスマートに伝える方法

「三語法」をご存じでしょうか。

　三語法とは、ひとつのものを三語で表す修辞法のこと。「心技体」「守破離」「松竹梅」「走攻守」「衣食住」「飯・風呂・寝る」「人・モノ・カネ」など、種類や用途はさまざまです。

　何かひとつのテーマについて語るとき、こうした三語法がピタっとハマるときがあります。たとえば、「YouTuberを目指す人に求められる『心技体』って何だと思いますか？わたしなりに答えを導き出してみました」と伝えてから、列挙スタイルで「まず『心』ですが〜／次に『技』ですが〜／そして『体』ですが〜」という具合に、それぞれのパーツを説明していきます。読む人が「へえー」「たしかに！」「なるほど！」と感じる内容になっていれば及第点です。

列挙型のアレンジ③
8個以上の情報は箇条書きで

　先ほど「列挙ポイントは、多くても7つまでに抑えておいたほうがいい」とお伝えしました（79ページ）。

　とはいえ、なかには、どうしても8つ以上の並列情報を伝えなければいけないときもあるでしょう。そのときは、箇条書きスタイルでの対応をおすすめします。

A 全体像を伝える	メールを送信したあとで「しまった！　間違った！」と慌ててしまったことはありませんか？　覆水盆に返らず。一度送信したメールを取り消すことはできません。 このようなミスを防ぐためには、送信前のチェックに力を入れるしかありません。今回はメール送信前にチェックすべき12の確認ポイントをご紹介します。
▼	
B 列挙ポイントを 箇条書きする	1：24時間以内に返信しているか 2：メールアドレスに誤りはないか 3：CcやBccに誤りはないか 4：宛名に誤りはないか／宛名の敬称は正しいか

5：件名は具体的でわかりやすいか

　　　6：必要なファイルを添付したか

　　　7：見た目が読みやすいか

　　　8：必要な情報が抜け落ちていないか

　　　9：関係のないことや余計なことを書いていない
　　　　か

　　10：誤字・脱字はないか

　　11：わかりやすい言葉で書かれているか

　　12：相手を不快にさせる表現がないか

▼

C
まとめる

メールで起きるミスのほとんどが、送信前のチェックで防ぐことができます。忙しいからといってチェックを怠れば、ミスを犯す確率を高めてしまいます。「送信ボタン」を押す前にチェックする習慣をつけましょう。

　12個の列挙ポイントを箇条書きで紹介した文章です。

　通常、列挙ポイントが多くなればなるほど、読む人は受け取るのに労力を要します。しかし、箇条書きでテンポよく伝えたこの例文であれば、ストレスなく受け取ることができます。

　もちろん、どこまで文章を深めて書くかは、その文章の目的や許されている文量にもよります。箇条書きだけでは読む人が物足りないと感じるかもしれない、と判断したときは、箇条書きからふくらませる（詳細を具体的に書く）ことも検討しましょう。

とはいえ、12 個ものポイントをふくらませれば、それなりの長文になります（一般的には精読率が下がります）。

したがって、相手が「情報量が多くても構わない」と思っているケースや、確実に読んでもらえるケースに限定しましょう。

以下は、箇条書きのパートをふくらませた一例です。

列挙型

＜1：24 時間以内に返信しているか＞
24 時間を超えているときは、遅れたことへのお詫び文も添えましょう。

＜2：メールアドレスに誤りはないか＞
メールの未達がよろしくないのはもちろん、ほかのアドレスと間違えた場合、双方に迷惑がかかります。情報漏えいにもつながります。

＜3：Cc や Bcc に誤りはないか＞
とくに「Bcc」で送るべきメールを「Cc」で送ると、アドレスの漏えいにつながります。

＜4：宛名に誤りはないか／宛名の敬称は正しいか＞
名前や敬称を誤ると、相手の気分を害してしまう恐れがあります。「渡辺／渡部／渡邉」といった表記も入念にチェックしましょう。

＜5：件名は具体的でわかりやすいか＞

「こんにちは」「お疲れ様です」「小林です」のように、ひと目で用件がわからない件名は避けましょう。「8日の営業会議の件」のように、簡潔にして的確に用件を伝えましょう。

<6：必要なファイルを添付したか>

ありがちなミスです。再度やり取りするのに手間と時間をとられます。ファイルの添付間違いにも注意しましょう。

<7：見た目が読みやすいか>

文字ぎっしりの文面は読みにくいものです。早めの改行や、空白の行を入れるなど、相手が読みやすく感じるよう気を配りましょう。

<8：必要な情報が抜け落ちていないか>

相手に「どういう意味？」「あの件はどうなった？」と首をひねらせてはいけません。重要な情報を省略しないよう注意しましょう。

<9：関係のないことや余計なことを書いていないか>

用件とは異なる話題や、的外れな話題、不要な背景説明などを長々とするのは NG です。相手がそれを求めているかどうかをしっかりと見極めましょう。

<10：誤字・脱字はないか>

誤字・脱字が多いと相手から「言葉を知らない人」「国語力が

ない人」と烙印を押されかねません。

<11：わかりやすい言葉で書かれているか>

自分にとってあたり前の言葉でも、相手にとっては「難しすぎる」「専門的すぎる」ということもあります。相手が受け取りやすい言葉を使いましょう。

<12：相手を不快にさせる表現がないか>

一方的なメールや上から目線のメール、礼節を欠いたメールは、読む人を不快な気持ちにさせかねません。

　箇条書きした列挙ポイントをふくらませることで、読み応えが増し、お役立ち度も高まりました。

　箇条書きで要点のみを端的に伝えたほうがいいのか。それとも、ふくらませた文章を添えたほうがいいのか。文章の目的や読む人のニーズに応じて判断しましょう。

「列挙型」テンプレートで 1行ライティングしてみよう

<お題>あなたの好きな場所をひとつ思い浮かべてください。観光地、レジャー施設、飲食店、公園、温泉、山、海……どんなところでも構いません。ひとつ選んだら、好きな理由を3つ考えてください。列挙型テンプレートで1行ライティングをしてみましょう。

A 全体像を伝える

> わたしは＿＿＿＿＿が大好きです。理由は3つあります。

B 列挙ポイント1（理由のひとつめは～です）

C 列挙ポイント2（ふたつめは～です）

D 列挙ポイント3（みっつめは～です）

E まとめる（△△な人にはとくにおすすめです）

第 3 章

「結論優先型」で納得してもらおう

読み手の納得度をぐっと高めることができるのが、「結論優先型」。何かをアピールしたいときや、報告・連絡したいとき、あるいは、反対したいときなどに役立ちます。

納得度をぐっと高める
「結論優先型」

「結論優先型」テンプレート

A 結論を伝える
└わたしは○○だと思う。

▼

B 理由・根拠を伝える
└なぜなら□□だからです。

▼

C 具体例・詳細を伝える
└たとえば△△ということがあります。

▼

D まとめる
└だから、わたしは○○だと思うのです。

📋 結論優先型のテンプレートとは？

　結論優先型とは、文字どおり、真っ先に結論を示したうえで、その結論についての見解を詳しく書き進めるテンプレートです。

　冒頭で、ズバっと結論を伝えてから、「なぜその結論を示したか？」の答えにあたる理由を書き、さらに、結論の説得力を高め

るための具体例や詳細を書いていきます。「結論 → 理由 → 具体例」と流れる文章は、読む人の納得度を高めます。

【結論優先型の文章】

　寝る前の１時間は、スマホを見ないようにしています。なぜなら、スマホの光を見ることで交感神経が優位になり、脳の興奮状態が続いてしまうからです。事実、寝る前に見るものを「スマホ」から「本」に変えたところ、びっくりするほど寝付きがよくなりました。これからも就寝前の“スマホデトックス”を続けていきたいと思います。

内容を分解してみましょう。

A 結論を伝える	寝る前の１時間はスマホを見ない。
▼	
B 理由・根拠を伝える	スマホの光を見ると交感神経が優位になり、脳の興奮状態が続くから。
▼	
C 具体例・詳細を伝える	寝る前にスマホを見るのをやめて、本を読むようにしたら、寝付きがよくなった。
▼	
D まとめる	これからも寝る前にスマホを見ない習慣を続けていきたい。

　Aの「結論を伝える」で、この文章で何を語るかを明確にして

結論優先型

います。これは、忙しい現代社会に適した伝え方です。結論が見えないと、途中で読むことをやめてしまう人もいるからです。

　また、人が文章を読む際、最も高い集中力を発揮するのが読み始めの数秒〜数十秒です。この間に、読む人に興味深い結論を差し出すことができれば、続きの文章への期待感を高めてもらえます。

　この結論優先型は、読む人にとって、頭に入りやすいテンプレートでもあります。読みにくい文章や理解しにくい文章のなかには「それで結論は何なの？」「何が言いたいの？」と思わずツッコミを入れたくなるものが少なくありません。

　その点、結論優先型であれば、読み始めてすぐに、書き手の結論（最重要メッセージ）が明確になります。結論がインプットされていると、その先に続く、理由や具体例も頭に入りやすくなります。

　結論優先型は、書き手自身にとってのメリットも小さくありません。冒頭で結論を示さなくてはいけないため、否が応でも「自分は何を伝えたいのか？」と考えなくてはならないからです。

　結論を明確にする作業は、自分の頭にある大量の情報から「これぞ！」というひとつを抜き出す情報編集作業でもあります。抜き出した「これぞ！」が、文章の背骨になります。この作業を真っ先に済ませておくことで「支離滅裂な文章」になるのを防ぐことができるのです。

　ちなみに、結論優先型が効果を発揮するのは、文章作成のとき

だけではありません。情報を口で伝えるときにも、同様の効果を発揮します。

「実は今、クレーム処理を含むお客様サポートの部署にいて、毎日 100 件以上のメールをさばきながら、お客様から寄せられる要望の統計も取っているんだけど、先日、ちょっとしたトラブルに見舞われて、その件で統括マネージャーに呼び出されて〜」

　もしもあなたが、このような伝え方をしているようなら注意が必要です。話の結論が見えないことによって、聞き手に迷惑をかけているかもしれません。おそらく聞き手は、以下のような感想を抱いていることでしょう。

> ・いったい何が言いたいんだろう？
> ・自分に何か相談をしたいのかな？
> ・統括マネージャーの悪口を言いたいだけなのか？
> ・トラブルの解決策について助言を求めたいのか？
> ・もしかしたら結論のない話を聞かされているだけ？

　聞く人の頭上にクエスチョンマークを浮かべさせてしまう。これは相手の時間を奪っているのと同じです。時間だけでなく、相手に気をもませたり、余計な頭を使わせたりと、エネルギーも奪っていることになります。

　このような結論不在の話をしがちな人にこそ、結論優先型のテ

ンプレートが有効です。自分が伝えなくてはいけない結論（メッセージ）を真っ先に伝えることで"結論不在"から抜け出すことができます。

「伊東さん、もし可能であれば、少し仕事を手伝ってもらえませんか？　クレーム対応のトラブルに見舞われて困っているんです」

　はじめに「結論（＝仕事を手伝ってもらいたい、というお願い）」と「理由（＝トラブルに見舞われて困っている）」を伝えることによって、聞き手は、話の全体像を把握することができます。
　どんなトラブルがあったかの背景については、続きの具体例・詳細のパートで伝えればOK。結論優先型の流れに従うことは、「幹（結論）→ 枝（理由・根拠）→ 葉（具体例・詳細）」の順番で伝えることにほかなりません。

伝わらない文章と、結論優先型の文章を比べると……

【原文（伝わらない文章）】

　本格的な少子高齢社会の到来によって、社会はどう変わるのか？　先行きが見えない毎日が続いています。中小企業にとって優秀な人材の流出は大きな課題であるものの、多くの中小企業が打開策をなかなか見つけられずにいます。

　人材採用改革や人材育成ノウハウの獲得、在宅勤務制度の導入など、さまざまな方法があるなかで、それらの具体的な方法や効果などの検証が進められています。

　在宅勤務制度などは、出産や介護を理由に離職せざるを得ない人材の流出を防ぐことができ、また、子育て中の主婦や、シニアたちの雇用を生み出すこともできます。

　とくに資金力のない中小企業の場合、社員一人ひとりの時間効率や労働生産性を高めていくしかありません。にもかかわらず、真剣に人材採用や人材育成に注力している中小企業は5％にも満たないといわれています。目先の売り上げにこだわるあまり、経営者が長期的な視野で判断できなくなっているのです。

　また、改革に伴う一時的な生産性低下を受け入れるだけの体力がない、という課題もあります。

　個人的にはX社が実践している在宅勤務制度は、中小企業の売り上げを改善するモデルケースとして期待しています。中小企業の経営者は、変化しないことや挑戦しないこ

結論優先型

とが最大のリスクであることを自覚したほうがいいでしょう。

　人によっては、頭が痛くなる文章ではないでしょうか。

　いろいろなことが書かれていますが、書き手が最も伝えたい結論が何なのかがよくわかりません。一貫性や論理性を欠いている、と思われても仕方ありません。

　おそらく、書き手自身も、自分がいったい何を伝えたいのか、結論をつかみきれていないのかもしれません。だから、頭の中の情報を整理できず、思いつくままバラバラと書いてしまうのです。

　情報は全部書けばいいというものではありません。読む人に正しく理解・納得してもらうためには、どの情報を出して、どの情報を隠すか。その取捨選択が求められます。

　加えて、伝える順番も重要です。自分が書きたい順番ではなく、**読む人が理解しやすい順番で書かなければいけません**。

　読み終えた人が「で、何が言いたいの？」と表情を曇らせるとしたら、文章としては失格です。なぜなら、読む人にムダに頭を使わせたうえ、疑問や質問を残しているからです。

　読む人が理解できない、という状態を生み出した責任は書き手の側にあります。こうした悲劇を防ぐためにテンプレート（とくに結論優先型）が大きな役割を果たします。

【修正文（結論優先型の文章）】

A
結論を伝える

人材不足に悩まされている中小企業こそ在宅勤務制度を導入するべきです。

▼

B
理由・根拠を
伝える

なぜなら、出産や介護を理由に離職してもおかしくない社員の流出を防ぐことができるからです。また、在宅勤務制度を導入することで、子育て中の主婦や、シニア層の雇用を生み出すこともできます。

さらに、一般社員にとっても、通勤時にかかる時間的コストや肉体的コスト（疲労やストレス）が低減されて、仕事の効率と生産性を高めることができます。

▼

C
具体例・詳細を
伝える

在宅勤務制度の導入で成功したのがX社です。X社は300名以上いる社員の半数を在宅勤務にすることで、女性の離職率33％削減と、事業生産性（＝社員1人あたりの売り上げ）の15％向上を実現。ロールモデルとして、教育ビジネス業界はもちろん、それ以外の業界からも注目を集めています。

▼

D
まとめる

在宅勤務制度は、中小企業を元気にする切り札にもなり得ます。少子高齢社会にフィットするシステムとして、これからますます注目を集めるでしょう。

冒頭で結論を明確にすることで、読む人は、続きの文章を安心して読むことができます。そのあとに続く「Ｂ：理由・根拠」と「Ｃ：具体例・詳細」は、Ａの「結論（メッセージ）」の説得力を高めるための材料です。読み進めながら、少しずつ説得力が高まっていきます。

SNSに効く小技⑤
冒頭の3秒で引き込む文章術

　インターネットやメール、SNSの台頭以降、デジタルの情報量は爆増し続けています。2025年には、2016年比でさらに10倍に増えるという予測もあります。もちろん、SNS上での情報量もまだまだ増え続けていくでしょう。

　そうした中で、一個人が書く投稿は、これまで以上に"読み流される"可能性が高くなります。とくに、結論の見えない「ぼんやりした話」や「グダグダな話」は、よほどの有名人が書いたものでなければ読んでもらえません。

　そこで重宝するのが結論優先型テンプレートです。せっかく書いた投稿を最後まで読んでもらうには、冒頭で結論を明確にするのはもちろん、その結論でガツっと読む人の興味・関心を引きつけることが肝心。冒頭の3秒が勝負。そんな心意気で、結論の提示に注力しましょう。

結論優先型の使い方のコツ①
結論で興味を引く

　結論優先型テンプレートの大きな特徴のひとつが、Aの「結論を伝える（＝最重要メッセージを伝える）」です。冒頭で結論を明確に示すことで、読む人の理解度が高まります。

　結論がわかりにくかったり、結論めいたものが何個もあったりすると、読む人の理解度が下がってしまいます。ダラダラ書かず、スパっと端的に伝えることが肝心です。

　ただし、簡潔かつ的確に結論が示せていればそれでいい、ということでもありません（情報伝達のみを目的とする場合は、それでいいケースもありますが）。なぜなら、**結論自体に興味をもてなければ、わざわざ人は続きを読もうとしない**からです。

　たとえば、以下のふたつの書き出しでは、どちらが続きを読みたくなりますか？

> ① 子どもの成績を伸ばしたいなら、必ず塾に通わせましょう。
> ② 子どもの成績を伸ばしたいなら、毎日、子どもに「靴磨き」をさせましょう。

①も②も書き手の結論には違いありません。しかし、どちらかというと、続きを読みたくなるのは②の書き出しではないでしょうか。

なぜなら、①がよくありがちな（目新しさのない）メッセージなのに対して、②のメッセージは斬新で興味深いからです。「えっ、子どもの成績と靴磨きにどんな関係があるの？」と続きが気になります。

もちろん、奇をてらった結論でなければいけないという意味ではありません。大事なのは、**自分が伝えようとしているメッセージが、読む人にとって「読みたい！」と思えるものになっているか**について、よく考えることです。

平凡でおもしろみのない結論や、時間を割いてまで続きを読みたい、と思ってもらえない結論なら、書かないほうがマシかもしれません。

Aの「結論を伝える」に書く事柄は、読む人の興味を引くもので、なおかつ、何かしらの価値を提供できるものであることが理想です。

以下は興味を引く書き出し例（＝結論の一例）です。

・ダイエットをするときは、方法うんぬんを考えるよりも、遺伝子検査キットを使って自分の体質を把握することが先決です。

・「お金が貯まらない」と嘆いている人には共通点があります。それは家計簿をつけないことでも、浪費が多いことでもありません。心の中に"癒やされていない傷がある"ということです。

・賢くなりたいなら、いきなり勉強を始めてはいけません。まずは脳をダマす言葉の使い方をマスターする必要があります。

・もしも「AIは人間の敵である」「AIに仕事が奪われる」と不安に感じているとしたら、その人の視野は相当に狭いと思っていいでしょう。

・わたしが好んで外食をするのは、自炊が嫌いだからでも、美食家だからでもありません。似た料理を食べ続けることによる食害のリスクを減らすためです。

　文章の魅力は「書き方」だけで決まるものではありません。「内容＋書き方」の合わせ技です。なかでも「結論」は、内容の中核を担う重要なパートです。

　読む人が「興味をもちにくい結論」よりは「興味をもちやすい結論」、「平凡すぎる結論」よりも「少し奇抜な結論」を意識しましょう。

結論優先型の使い方のコツ②
理由・根拠で説得力が上下する

　Bの「理由・根拠」は、冒頭で示した結論の説得力を高めるうえで極めて重要です。あなたは、以下①～③の文章のどれに納得しますか？

> ① 今週の土曜日は雨が降るでしょう。先週の土曜日も雨だったからです。
>
> ② 今週の土曜日は雨が降るでしょう。梅雨の真っただ中だからです。
>
> ③ 今週の土曜日は雨が降るでしょう。今日の天気予報で「土曜日の降水確率は90%」と出ていたからです。

「今週の土曜日は雨が降るでしょう」という結論に対して、①～③は、それぞれ根拠が異なります。

　①の根拠は説得力が皆無です。1週間前が雨だったからといって、今週も雨になるとは限りません。

　②の「梅雨の真っただ中だから」という根拠は、①よりはマシなものの、ものすごく納得できるかというと、そうでもありませ

ん。梅雨の季節でも雨が降らない日はあるからです。

　３つの中で最も説得力があるのは③です。天気予報は、最新技術を駆使して集めた気象情報を元に、気象庁や気象予報士が出すものであり、その精度は一個人の予報とは比べ物になりません。その予報がはじき出した「降水確率90％」は、「今週の土曜日は雨が降るでしょう」という結論を支える根拠としては十分です。

　理由や根拠を示すときに意識したいのが“妥当性”についてです。**理由・根拠は、冒頭に示した結論に説得力をもたせるためのもの**です。
「えっ、そんな理由？」「それって、どういうこと？」「たいした理由じゃないな……」と思われてしまったらアウト。読む人から得たいのは「なるほど！」「そのとおり！」「よくわかった！」のような反応です。

　理由・根拠を示すときには、**客観的な事実**を盛り込む意識も大切です。誰もが納得する数字やデータを示すことができれば、論理が強化されます（妥当性が高まります）。

　たとえば「文部科学省が発表した『子供の読書活動推進計画に関する調査研究』報告書概要版（平成30年度）によると、過去1ヶ月間で『紙の本を読んだ』子どもは、小学生で69.8％、中学生で62.1％、高校生で47.4％でした」のように、客観的なデータや公表されている事実を盛り込むことができれば、結論の説得力が格段に増します。

一方、個人の主観的な感覚や判断は、結論を支える理由・根拠としては軟弱です。「それはあなた個人の体験（意見／判断／感覚）にすぎませんよね？」と思われてしまっては納得してもらえません（結論の種類によっては、個人の体験でも納得してもらえるケースもあります）。

　いくら魅力的な結論でも、理由・根拠が弱ければ、残念ながら読む人に納得してもらうことはできません。とりわけ結論が斬新だったり、意外性があったりする場合は、読む人を納得させるに十分な理由・根拠を盛り込む必要があります。

　理由・根拠が弱々しい文章ばかり書いていると、書き手であるあなたの信用を落としかねません。リサーチをするなどして相応の理由・根拠を集める必要があります。

結論優先型の使い方のコツ③
具体例で情緒を伝える

Bの「理由・根拠を伝える」から一転、Cの「具体例・詳細を伝える」で求められるのは、個人的な体験談や実例などです。**理由や根拠が"ロジック（論理）"なのに対して、具体例は"エモーション（情緒）"です**。前者は頭で理解するために必要なもので、後者は心で納得するために必要なものです。

仮に、文章のテーマが「画期的な風邪の治し方」なら、Cの「具体例・詳細を伝える」では、自分がどのようにして風邪を治したか、その一部始終を書くと、読む人が腹落ちしやすくなります。

「横浜は大好きな街のひとつです。なぜならグルメスポットが充実しているからです」という「結論＋理由・根拠」の文章であれば、Cの「具体例・詳細を伝える」では、「横浜中華街」や「みなとみらい」のグルメスポットを紹介したり、穴場のグルメスポットを紹介したりすることによって、その文章の信憑性と説得力が一気に高まります。

「先日も"食い倒れ"目的で横浜中華街に行きましたが〜」という具合に、書き手自身が横浜中華街でグルメを楽しんだ体験を書くことができれば、読む人の納得度がさらに高まります。なぜな

ら、体験談を読んだとき、その読み手の中で「追体験（＝他人の体験を、自分の体験としてとらえること）」が起きるからです。

「結論＋理由・根拠」を頭で理解しても、読む人は、まだ完全には納得していません。その点、リアリティを備えた体験談や実例には、深い腹落ちを誘う効果があります。

　あなたが書く文章の説得力を高めたいなら、理屈にばかり頼るのではなく、**具体例を盛り込む意識を強めましょう。**

熟睡するには、寝る前のストレッチが有効です。なぜなら体の緊張がほぐれ、副交感神経が有利になるからです。

フムフム

運動不足で体がガチガチの私も、軽くストレッチをすることでとてもリラックスでき、その日はぐっすり眠れました。

たしかにそうかも

結論優先型の例文① 紹介文（ブログ記事）
「パーソナルカラー診断の紹介」

📋 1行ライティングで柱を作る

まずは1行ライティングで文章の柱を作ります。

A 結論を伝える	見た目の第一印象をよくしたい人には、パーソナルカラー診断がオススメ。
▼	
B 理由・根拠を伝える	自分に似合う色（パーソナルカラー）がわかるから。
▼	
C 具体例・詳細を伝える＜その1＞	パーソナルカラーには4タイプある。
▼	
C 具体例 詳細を伝える＜その2＞	パーソナルカラー診断を受けた人から喜びの声が続々届いている。
▼	
D まとめる	見た目や印象で損をしないためにも、パーソナルカラー診断を受けよう。

次に、各パートをふくらませていきます。

ふくらませて文章を完成させる

<table>
<tr><td>A
結論を伝える</td><td>自分の見た目をより魅力的に演出し、第一印象をよくしたい人には、パーソナルカラー診断の受診をオススメしています。パーソナルカラー診断とは、生まれもった肌や瞳や髪の色などから、その人に似合う色のタイプを見極める診断のことです。</td></tr>
</table>

▼

<table>
<tr><td>B
理由・根拠を
伝える</td><td>パーソナルカラー診断を受けると、自分に似合う色（パーソナルカラー）がわかります。パーソナルカラーを身につけることで、あか抜けて上品に見えたり、肌に透明感が出て美肌に見えたり、フェイスラインがすっきりして小顔に見えたりします。また、服や靴や帽子、メイク用品、バッグ、アクセサリーなど、身につけるアイテムの色選びにも工夫を凝らせるようになるため、出かける準備をするときにワクワクする機会も増えるでしょう。</td></tr>
</table>

▼

<table>
<tr><td>C
具体例・詳細を
伝える＜その1＞</td><td>パーソナルカラーには4タイプがあり、スプリング、サマー、オータム、ウインターと、それぞれに季節の名前がついています。タイプ別に「青が似合う」「赤が似合う」という単純な分け方ではありません。「紺寄りの重厚な青」が似合うタイプもあれば、「さわやかなスカイブルー」が似合うタイ</td></tr>
</table>

プもある、という具合に、それぞれに似合う色の傾向があります。青であれば、スプリングに似合う青もあれば、ウインターに似合う青もあるのです。

▼

C
具体例・詳細を
伝える＜その2＞

パーソナルカラー診断を受けた人たちの満足度は高く、「色の組み合わせがわかるようになった」「流行色の取り入れ方がうまくなった」「"苦手だけど好きな色"を使いこなせるようになった」「服やメイクにムダなお金をかけなくて済むようになった」など、さまざまなメリットを感じています。自分に似合う色を身につけることで、身も心も軽くなり、人生の景色が大きく変わる人もいます。

▼

D
まとめる

身につける色の選び方を変えるだけで、見た目の印象や、その人の魅力が大幅にアップ。周囲から褒められることで、自信もつきます。見た目や印象で損をしないためにも、一度はパーソナルカラー診断を受けておくといいでしょう。

結論優先型

「結論 → 理由・根拠 → 具体例・詳細」と読み進めるうちに「パーソナルカラー診断」についての知識が深まっていく文章です。なかには「パーソナルカラー診断を受けてみたい」と思った人もいるのではないでしょうか。

「具体例・詳細を伝える」のＣパートはふたつに分けました。〈その１〉では「パーソナルカラー診断の詳細」を、〈その２〉では「パーソナルカラー診断を受けた人の具体例」を伝えました。

「パーソナルカラー診断をオススメ」という結論の説得力を高めるためには、このように、詳細の掘り下げや具体例（体験や実例）の紹介が必要となります。

仮に〈その１〉の「パーソナルカラー診断の詳細」が省かれていたとしたら、パーソナルカラー診断についての知識を深めることができません。その結果、読む人に「パーソナルカラー診断って、結局、どういうものなの？」という疑問を残してしまう恐れもあります。そうなれば、当然、興味をもってもらいにくくなります。

一方、〈その２〉の「パーソナルカラー診断受診者の具体例（実体験）」が省かれていたとしたら、パーソナルカラーの知識を身につけることで得られるメリットを感じることができないため、〈その１〉が省かれたケース同様に、興味を失ってしまう確率が高まります。

そういう意味でも、この〈その２〉でパーソナルカラーを身につけた人たちの「喜びの声」を紹介したのは正解といえるでしょう。体験者の声をとおして、パーソナルカラーの効果の大きさを感じるからです。

結論優先型の例文② 反対表明（ビジネス文章）

「○○に反対します」

📋 1行ライティングで柱を作る

まずは1行ライティングで文章の柱を作ります。

結論優先型

A 結論を伝える	次世代経営者育成会の入会費と月額費の値下げには反対。
▼	
B 理由・根拠を伝える	会員の質の低下を招くほか、会の雰囲気を悪化させる恐れもある。
▼	
C 具体例・詳細を伝える	Ｘ社で「値下げ実施→失敗」。／Ｙ社で「値上げ実施→成功」。
▼	
D まとめる	Ｘ社とＹ社の結果を踏まえて、価格設定の再検討を求める。

次に、各パートをふくらませていきます。

ふくらませて文章を完成させる

A 結論を伝える	結論から申しますと、次世代経営者育成会の入会費と月額費の値下げには反対です。
▼	
B 理由・根拠を伝える	なぜなら、会員の質の低下を招く恐れがあるからです。コミットメント力の低い人が増えると、会の雰囲気が乱れ、会員の士気が下がりかねません。
▼	
C 具体例・詳細を伝える	以前、Ｘ社でも似たような値下げが行われました。たしかに入会者数は増えましたが、「会員の質の低下」と「会の雰囲気の悪化」を招き、その後の会員継続率が下がってしまいました。 一方、入会費と月額費をそれぞれ 10％値上げしたＹ社は、入会者数の減少を招いたものの、会員の質が高まって、継続率が大幅にアップ。コミットメント力の高い会員が活発に活動するようになり、会の雰囲気はますますよくなりました。
▼	
D まとめる	入会費と月額費の値下げが、どのような結果を招くかは、Ｘ社とＹ社の事例からも明らかです。長期的な視点に立って、値下げがもたらすメリットとデメリットを比較検討することを求めます。

賛成や反対を表明する文章では、その理由が極めて重要です。理由の妥当性が高ければ、結論の説得力は高まりますが、妥当性が低ければ、逆に、説得力が下がります。

　「コミットメント力の低い人が増えると、会の雰囲気が乱れ、会員の士気が下がりかねません」という理由には説得力が感じられます。

　一方で、反対の理由はわかるものの「それでも、値下げするメリットのほうが大きいのでは？」と思う人もいるかもしれません。その人たちに納得してもらうための文章がCの「具体例・詳細」です。

　例文では、他社の実例を引き合いに出しました。値下げして失敗したX社と、値上げして成功したY社を比較することで、読む人の納得度を高めることに成功しています。

　このように「結論 → 理由・根拠 → 具体例・詳細」と読み進むに連れて説得力を高めていく結論優先型は、自分の意見（イエス or ノー）や主張を表明するときにも有効です。

結論優先型の例文③ PR文（エントリーシート）

「『あなたの長所は何ですか？』の答え」

📑 1行ライティングで柱を作る

まずは1行ライティングで文章の柱を作ります。

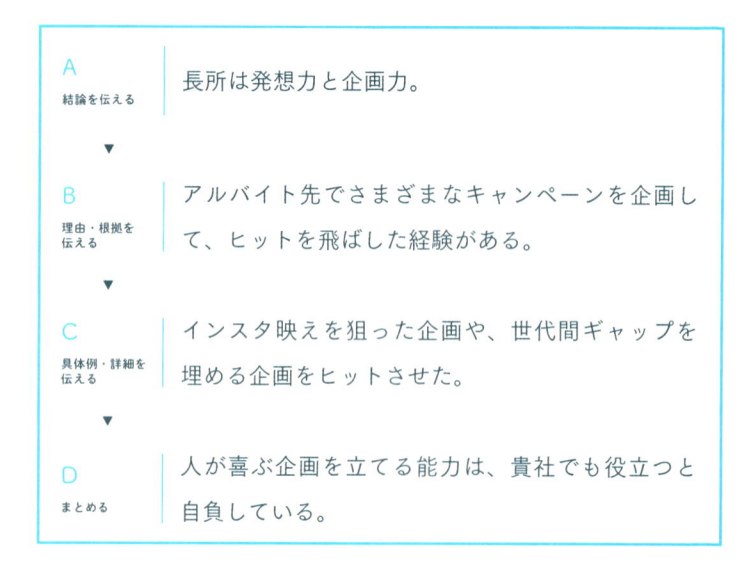

A 結論を伝える	長所は発想力と企画力。
▼	
B 理由・根拠を伝える	アルバイト先でさまざまなキャンペーンを企画して、ヒットを飛ばした経験がある。
▼	
C 具体例・詳細を伝える	インスタ映えを狙った企画や、世代間ギャップを埋める企画をヒットさせた。
▼	
D まとめる	人が喜ぶ企画を立てる能力は、貴社でも役立つと自負している。

次に、各パートをふくらませていきます。

ふくらませて文章を完成させる

A 結論を伝える	最大の長所は、発想力と企画力です。
▼	
B 理由・根拠を 伝える	約２年間、アルバイト先のカフェレストランで「キャンペーン企画リーダー」を任されてきたことが、その根拠です。季節ごとに「どうしたらお客様に来てもらえるか？」を考え抜き、店長に多種多様なキャンペーンを提案。その多くで結果を残してきました。
▼	
C 具体例・詳細を 伝える	店内にインスタ映えする「昭和レトロスペース」を５つ設置したときは、女子高生の来店者数が急増。彼女たちが Twitter や Instagram で写真を拡散することで、キャンペーン中の来客数が過去最高（通常の約５倍）を記録しました。 また、「おじいちゃん・おばあちゃんを連れてカモ〜ン！」というキャンペーンでは、"世代間のギャップを埋めるアイデア" としてテレビ局の密着取材を受けました。
▼	
D まとめる	どうしたら人が喜んでくれるかを考えることと、その考えを実現させていくプロセスが大好きです。

結論優先型

> 貴社の一員としてその能力を十分に発揮していきます。

　書くスペースに限りがある ES（エントリーシート）でも結論優先型は重宝します。ムダなことを書いていると、あっという間にスペースが埋まってしまいます。

　ムダな言葉を削ぎ落としたうえで、説得力のある文章を書くためには「結論 → 理由 → 具体例」の順番が理想的です。

　もしも「わたしは２年間、カフェレストランでアルバイトをしました」のように"先の見えないエピソード"から書き始めると、「結論が見えない」「つまらないエピソードを読まされている」と思われて、読む人の関心を損ねてしまう恐れもあります。

　そもそも、ビジネスシーンでは「結論を先に伝える」という伝達手法が"よし"とされています。企業の採用担当者が、ES の文章から、エントリー者の言語能力や伝達能力のレベルを推し量っているとしても不思議ではありません。
「あなたの長所は何ですか？」「志望理由は何ですか？」「大学時代に真剣に取り組んだことは何ですか？」──いずれの質問に対しても、冒頭でその答えを明確かつ簡潔に示すことによって、高評価を得やすくなります。

　なお、ES では自分をよく見せようと、誰もがいいことを書こうとします。そのため、どうしても内容が似通ったものになりがちです。例文の「最大の長所は、発想力と企画力です」も然りで

す。誰にでも書ける平凡な言葉だけに、説得力は高くありません。

それゆえ、Bの「理由・根拠を示す」や、Cの「具体例・詳細を伝える」で、どこまでオリジナリティのある体験談を示せるかが重要です。例文のように、具体的な体験談（＝キャンペーン成功例）を挙げることができれば、結論が"ホンモノ"であることが証明できます。ライバルから頭一つ抜け出すためのポイントは"体験談"と心得ておきましょう。

もちろん、冒頭の「最大の長所は、発想力と企画力です」は、もう少し表現を工夫してもいいでしょう。「長所は、老若男女を吸い寄せるバキューム式の企画力です」くらい書くと、採用担当者も「おっ？」と目を引くかもしれません。

結論優先型

COLUMN

SNSに効く小技⑥
読む人の感情を動かすコピーに挑戦しよう！

SNS投稿の冒頭1行をキャッチコピーとして考えてみませんか？　驚くほどおいしいラーメンを食べたときなら、【わたしの舌が初めて降参した日……】【あんなのラーメンとは言わない！】のようなコピーを添えたらどうでしょう。

少なくとも、なんの工夫もなく「今日は友達がおすすめしていたラーメンを食べました」と書くよりは、続きの文章を読んでみたくなるのではないでしょうか？　1行目を読んだ人が「えっ？」「どういうこと？」「おもしろそう！」「スゴい！」と感情を動かされるコピーを考えましょう。

結論優先型の例文④ 連絡事項（ビジネス文章）
「ミーティングの変更点」

📋 1行ライティングで柱を作る

まずは1行ライティングで文章の柱を作ります。

A 結論を伝える	来月の経営者会員限定ミーティングは、特別にメンバー全員が参加する形式で行う。
▼	
B 理由・根拠を伝える	チームの枠を超えた交流を促すため。
▼	
C 具体例・詳細を伝える	メンバー同士が、できる限り交流できるよう工夫を凝らす。
▼	
D まとめる	今回の試みがうまくいけば、定期的にメンバー全員がそろうミーティングを企画予定。

次に、各パートをふくらませていきます。

📋 ふくらませて文章を完成させる

A
結論を伝える

来月の経営者会員限定のミーティングは、3チームに分けて行うのではなく、メンバー全員が一堂に会す形で行います。

▼

B
理由・根拠を
伝える

全員が顔をそろえることで、チームの枠を超えた交流が生まれます。交流しながら、いつもとは異なる情報やアイデアを得る人もいるでしょう。
また、お互いのビジネスに足りない要素を補完してくれる人が見つかる、あるいは、それぞれの強みを活かしたコラボレーション案が生まれる可能性もあります。

▼

C
具体例・詳細を
伝える

当日は、あらかじめ、3チームのメンバーが混在する席割りにするほか（指定席）、いつもよりもディスカッションの時間を増やして、できる限り多くの人と会話ができるようにします。
また、受付では、メンバーの会社名、事業内容, 氏名を記した名札を配布。ミーティングの冒頭では、各テーブルで1人30秒の自己紹介タイムを設けます。
マンスリー講師によるセミナーは、今回に限り、30分の短縮バージョンにするなど、交流重視の

	ミーティングであることを強く打ち出します。
▼	
D まとめる	今回の試みがうまくいった場合、メンバー全員が そろうミーティングの定期開催化も検討します。

　いつもとは異なる形式のミーティングを行う旨をアナウンスする文章です。このような連絡事項の文章でも、結論優先型が使えます。それぞれのパートの裏にある質問は以下のとおりです。

> ［A］結論：「何を変更するのか？（What）」の答え
> ［B］理由：「なぜ変更するのか？（Why）」の答え
> ［C］詳細：「どう変更するのか？（How）」の答え

　チーム分けせずに合同で行う旨（結論）を伝えたのち、なぜ、その変更を行うかについての理由を書いています。この理由が書かれていなかったり、弱かったりすると、読む人の納得は得られません。

　変更点を連絡する文章なので、Cの「具体例・詳細」では、具体的な変更点を書いています。

> ・席割り
> ・名札
> ・自己紹介タイム
> ・マンスリーセミナーの時間短縮

これらはすべて会員同士の交流を促すための工夫です。工夫が具体的に書かれてあると、読む人は「いろいろと考えているんだな」と納得・安心します。

　もしも、このような詳細（＝交流を促すための具体案）が書かれていなければ、読む人に「合同形式にしても、交流する時間やきっかけがないのでは？」と疑念を抱かれてしまうかもしれません。

　なお、以前に似たような前例がある場合は、Ｃの「具体例・詳細を伝える」のパートに、前例の「成功談（＝具体例）」を盛り込むのも一案です。

　ポジティブな前例があることがわかれば、「前回も成功しているなら安心ですね」と賛同を得やすくなります。

結論優先型の効果を高めるコツ①
結論優先型のフレーズパターン

　結論優先型の各パートの出だしに使えるフレーズパターンを、一部紹介します。何を書こうか迷っている人にとっては、文章のアイデアを導き出すトリガー（引き金）になるでしょう。

【結論を伝える】
・結論としては○○です。
・わたしは○○に賛成します。
・わたしの考えは○○です。
・最も大事なことは○○ではないでしょうか。
・結論からいうと、○○です。
・○○な人には□□がおすすめです。
・○○をするには□□という方法があります。
・単刀直入にいうと、〜
・正直（素直）にいうと、〜

【理由・根拠を伝える】
・なぜなら○○だからです。
・理由（根拠）としては〜
・というのも（は）〜

- ・その理由（根拠）は〜
- ・なぜかというと〜
- ・どうしてかというと〜
- ・○○というのがその理由（根拠）です。

【具体例・詳細を伝える】
- ・たとえば〜
- ・例を挙げると〜
- ・一例を挙げると〜
- ・具体的には〜
- ・〜がその一例です。
- ・○○のデータによると〜
- ・事実、わたしも〜

結論優先型

【まとめる】
- ・したがって〜
- ・以上のことから〜
- ・このとおり〜
- ・このように〜
- ・このようなわけで〜
- ・くり返しになりますが〜
- ・つきましては〜
- ・○○をすることで、□□へ向かうことが期待できます。
- ・○○をしてみてはいかがでしょうか。

結論優先型の効果を高めるコツ②
「理由・根拠を伝える」では 信頼性の高いデータを入れる

「理由はよくわかりませんが……」が論外なのはいうまでもありませんが、あまりにぼんやりした理由もいただけません。読む人に「説得力がない」と思われてしまうからです。

たとえば、「朝、散歩をすると仕事の生産性が高まります」という結論に添える理由が「なぜなら、健康的だからです」程度だと、「何それ？」と首を傾げる人や、「論理的でない」と取り合わない人もいるでしょう。

このように、理由が雑だったり、ぬるかったりすると、読む人の興味や関心を損ねてしまいます。

一方で、「なぜなら、太陽の光が網膜から入って視神経が刺激されることで、脳の覚醒を促すホルモンであるセロトニンの分泌量が増えるからです。このことは脳科学でも証明されています」と書かれてあれば、返す言葉もないどころか、思わず納得してしまいます。根拠が科学的だからです。

- 科学的な根拠
- 学術的な根拠

- ・物理的な根拠
- ・計算やデータに基づいた根拠

　このようなデータを盛り込むことができればベターです。データを盛り込むときは、数字で示せるものは数字で示すほか、データの信頼性を担保する記述もあわせて書くといいでしょう。

　たとえば、「コロンビア大学の研究によると〜」「文部科学省が発表した○○によると〜」「○○株式会社が 20 代の独身女性2000 人に調査した結果によると〜」という具合です。

「わたしが結果を出したので〜」という個人的な体験談を理由・根拠として示すのは少し危険です。「それはあなただからできたのでは？」「ほかの人には当てはまらないのでは？」と思われかねないからです。**「理由・根拠」には、誰もが納得せざるを得ないものを選びましょう。**

　そのうえで、個人の体験談はCの「具体例・詳細を伝える」のパートに盛り込むことで、説得力が高まります。説得力という点では、「B：信頼性のあるデータ　→　C：個人的な体験」の順で伝えることが大切です。

結論優先型の効果を高めるコツ③
「具体例・詳細を伝える」の最強は自分の体験談

　具体例の中でも、最も効果が高いもの（説得力が高まりやすいもの）が書き手自身の体験談です。

　たとえば、「目の周りをマッサージすると眠気が覚める」という文章を書く場合なら、その理由には、何かしらの医学的な根拠が求められます。根拠が盤石であるほど説得力が高まり、読む人の期待感も高まります。

　ところが、続きの文章で、書き手が「でも、わたしはマッサージを試したことがありません」では……せっかくの根拠も台なしです。読む人は「なんだ、自分では試したことがないの？」と失望するかもしれません。

　このテーマで文章を書くなら、根拠を示したあとで、「実際にやってみたら、眠気が本当に覚めた！」のような内容を盛り込むのがベターです。

　Ｃの「具体例・詳細を伝える」のパートで書き手自身の体験を語った文章は、多くの場合、読む人の心に響きます。なぜなら、「自分の体験談＝リアリティ」だからです。

　リアルな体験を書くことによって、読む人の追体験が起こりま

す。追体験とは、「他人の体験を、自分の体験としてとらえる」こと。文章の場合、読む人が、その体験を"自分事"としてとらえることで、"頭での納得"から"心への納得"へとシフトするのです。

　もちろん、書き手の体験談というのは、唯一無二、つまり、この世でただひとつのオリジナリティです。つまり、体験談を書くことは、その他大勢の文章と差別化を図るうえでも有効なのです。

　どうしても、特筆すべき「自分の体験談」がない場合は（あるいは、書けない場合は）、自分以外の人の体験談や事例を盛り込みましょう。自身の体験談には劣るものの、何も具体例（体験）を示さないよりは数段効果があります。

　なお、自分の体験と自分以外の人の体験の両方を盛り込みたいときには、「自分の体験 → 自分以外の人の体験」の順番で書くのがセオリーです。

　ただし、自分の体験談が弱く、自分以外の人の体験談が強い場合は、「自分以外の人の体験 → 自分の体験」で書いても OK です。

結論優先型

結論優先型のアレンジ①
「予想される反論へのケア」を盛り込んで主張文を書く

　冒頭の結論のパートで、書き手の主張を述べることで「結論優先型」は「**主張優先型**」へと変化します。

　ただし、主張には、往々にして反論がついて回るもの。この反論にどう対処するかで、主張文の説得力に差が生じます（うまく対処できると、主張が受け入れられやすくなります）。

　反論への対処は、文章を書いてから行うのではなく、主張する文章の中で行います。

　その方法が、あらかじめ文中にD「予想される反論へのケアをする」のパートを盛り込む、というもの。これを盛り込むことで、反論の芽を摘むことができます。

A 主張を伝える
　└わたしの主張は○○です。

B 理由・根拠を伝える
　└なぜなら□□だからです。

▼

C 具体例・詳細を伝える
└たとえば△△ということがあります。

▼

D 予想される反論へのケアをする
└もちろん、◇◇という事情は理解しています。

▼

E 再び主張を伝える
└しかし、わたしの主張は○○なのです。

結論優先型

　この「主張優先型」は、論文からビジネス文章での意見書、SNSでの投稿まで、自分の意見や主張を明確に打ち出したい、あらゆる文章で使えます。

A 主張を伝える	スモールビジネスのオーナーは、安易に商品を値下げするべきではありません。
▼	
B 理由・根拠を伝える	なぜなら、みずから商品の価値を下げることによって、価格競争に巻き込まれてしまうからです。価格競争に巻き込まれた商品は、多くの場合、競合他社（多くの場合、大手企業）の価格設定に翻弄され、値下げを強いられることになります。すると、遅かれ早かれ窮地に追い込まれます。

C
具体例・詳細を
伝える

X社の商品Zの値下げがいい例です。もともと他社にはない優れた機能を備えていたにもかかわらず、安易な値下げを実施。価格競争に巻き込まれた結果、1年後には、発売中止を余儀なくされました。しかも、そのことが原因でX社のブランド力も低下してしまいました。

X社が、価格を下げず、機能面での優位性を打ち出していたなら、おそらく今でもロングラン商品になっていたことでしょう。

D
予想される反論
へのケアをする

もちろん、値下げに踏み切る事情もわからなくはありません。商品に自信をもてなくなると、強気の価格設定をすることにためらいが生じます。

また、値下げをすれば、ほとんどの場合で、短期的に売り上げを伸ばすことができます。商品への絶対的な信頼を寄せられていないと、"値下げの誘惑"は容赦なく甘い言葉をかけてきます。

E
再び主張を
伝える

しかし、弱気の値下げが、長期的な利益につながるケースはほとんどありません。スモールビジネスのオーナーがすべきは、値下げではなく、商品の独自性や優位性を明確にしたうえで、魅力的な訴求をしていくことではないでしょうか。安易な値下げはするべきではありません。

試しに、Dの「予想される反論へのケアをする」を省いた文章と、Dを盛り込んだ文章を読み比べてみてください。受ける印象が大きく変わるはずです。

　ただ単に「値下げをするな」の一点張りでは、これまで値下げをしたことのある人や、これから値下げをしようと思っていた人、あるいは値下げ賛成派の人から「別に値下げしたっていいだろう！」「値下げにだって意味があるんだ！」と反発を受ける可能性があります。

　一方、Dを入れることで、反発のリスクは弱まります。反論を封じ込めるのではなく、**反論への共感を示す**。その気持ちを理解し、寄り添うことで、値下げ賛成派の人たちは、声高に反論しにくくなります。いえ、なかには主張内容に全面的に同意し、値下げ反対へと立場を変える人も現れるでしょう。

　もちろん、「どんな反論が飛んできても構わない。ケアをする必要はなし！」と判断し、Dを省略した書き方をするのもひとつの方法です。

　その場合は、値下げ賛成派の気持ちを害す、あるいは、その人たちから、厳しく反論されることを覚悟しておいたほうがいいでしょう。

結論優先型のアレンジ②
「背景」を盛り込んで
有益情報を提供する

　ブログなどの SNS を使って何かしらの有益情報を提供したい方におすすめしたいのが、**結論優先型に「背景」を盛り込むアレンジ**です。冒頭で結論を示す前に、これから提供する有益情報が“なぜ必要なのか？”を伝えます。この背景を読んだ人に「そうそう、そういうことってあるよね」と共感してもらうことが目的です。

　この背景で示すのは、多くの場合、問題や課題、不安、悩みなど。**この背景のパートで、読む人に“乾き”を感じてもらうことで、そのあとに提供する有益情報の吸収率が高まります。**

A 背景を伝える
　└いま世の中には☆☆という状況があります。

B 結論を伝える
　└そんな状況ゆえ○○が必要です。

C 理由・根拠を伝える

└なぜなら□□だからです。

▼

D 具体例・詳細を伝える

└たとえば△△ということがあります。

▼

E まとめる

└だから、○○が必要なのです。

結論優先型

例文を見てみましょう。

A 背景を伝える	企画やアイデアがなかなか思い浮かばないときや、勉強や仕事が思うようにはかどらないときは誰にでもあることです。毎日毎日、良好なコンディションや高いパフォーマンスを維持するのは、口で言うほど簡単ではありません。
▼	
B 結論を伝える	調子が今ひとつのときは、今いる場所を離れて、どこか別の場所に移動してみましょう。思い切って場所を変えることによって、企画やアイデアが思い浮かぶ、あるいは、勉強や仕事がはかどるようになります。
▼	
	なぜ、場所を変えるだけで、調子が上向くのでしょ

うか？　それは、場所を移動することによって、人間の脳の海馬にある「場所ニューロン」が刺激されるからです。場所ニューロンは、記憶力や学習能力を司る部位で、最近の脳科学では、人が場所を移動するだけでその部位が活性化することが証明されています。

▼

これまでに行ったことのない場所へ行くのが最も効果的ですが、近くのカフェや公園に行くだけでも場所ニューロンは活性化します。どうしてもオフィスから出られない仕事であれば、会議室の机や共有デスクを借りて仕事をするなど、違う環境に身を置くだけでも効果が得られます。最近では散歩をしながら会議をする企業や、公園ミーティングを取り入れている企業もあるといいます。これらも脳科学的に"正しいやり方"といえるでしょう。

▼

自分の席から動かずに「うーん」と頭を抱えていても、現状からはなかなか抜け出せません。そんなときこそ、席から立ち上がって、どこかほかの場所へ移動してみましょう。仕事の効率と生産性を高めるこの奥の手は、集中力が切れたときの"最高の一手"となるはずです。

もちろん、これまでどおり、「勉強や仕事の効果を高めたいと

きは、ときどき場所を変えましょう」のような結論からスタートすることもできます。しかし、あまりに唐突すぎると、「ん？何の話？」と思われて、読む人の興味を損ねてしまいます。

そこで登場するのが、結論より先に「背景」を盛り込むこのアレンジです。

Aの背景で書き込むものは「あるある」がベース。「そうそう、そういう状況ってあるよね！」「わたしもそう思っていたの！」と共感した人が、続きの内容（結論）を心待ちにする展開を生み出します。誰かに何かしらの情報提供を行うときに重宝するアレンジです。

結論優先型

COLUMN

SNSに効く小技⑦
SNS投稿の最大の価値はあなたのパーソナリティ！

SNSは個人メディアです。したがって、大事なのはその人のパーソナリティ。共感を得やすいのは、自分を隠そうとしている人ではなく、ありのままの自分をさらけ出している人です。

"ありのまま"ですから、ときには周囲とは違う意見や感想になることもあるはず。でも、それでいいのです。気にする必要はありません。自分の考えを押し込めてSNS投稿することに何の意味があるでしょうか。結論優先型の冒頭であなたの率直な意見や感想を書く。その意識が、あなたの投稿を魅力的なものにしていくでしょう。

注：誹謗や中傷、他者を傷つける物言いはNGです。

「結論優先型」テンプレートで
1行ライティングしてみよう

<お題>あなたの職場、あるいは、家族内に何か提案をしてください。その提案を結論優先型で1行ライティングしてみましょう。

A 結論を伝える

わたしは＿＿＿＿＿＿＿＿＿＿＿＿を提案します。

B 理由・根拠を伝える（なぜなら□□だからです）

C 具体例・詳細を伝える（具体的には△△をやります）

D まとめる（この提案を実現すると、将来こうなります）

第 4 章

「ストーリー型」で
共感を
生み出そう

エピソード形式で読み手の共感を誘うのが
「ストーリー型」。理屈ではない熱い思いや
感動が伝わり、読み手の記憶に強く残るテン
プレートです。

エピソードで共感を誘う
「ストーリー型」

「ストーリー型」テンプレート

A マイナスを伝える
└以前のわたしはこんなに悪い状態でした。

▼

B 転機を伝える
└あるとき、こんな○○と出会いました！

▼

C 進化・成長を伝える
└わたしは大きく変化しました。

▼

D 明るい未来を伝える
└このいい状態をこれからも続けていきたいです。

📋 ストーリー型のテンプレートとは？

　ストーリー型とは、何かしらのエピソードを、読む人の共感を誘う目的で表現していく"ドラマ仕立て"のテンプレートです。

　冒頭で主人公のマイナス（好ましくない状態）を描いたのち、その主人公に訪れる転機、さらには、その後の進化・成長を描き、

ハッピーエンドへと向かう流れです。

ストーリー型は右肩上がり

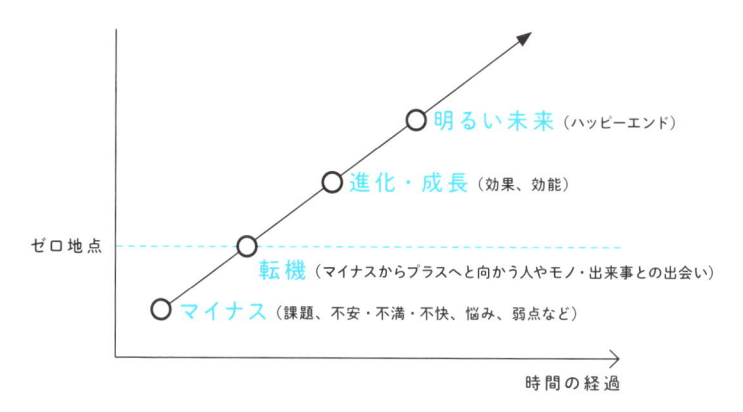

明るい未来（ハッピーエンド）

進化・成長（効果、効能）

ゼロ地点

転機（マイナスからプラスへと向かう人やモノ・出来事との出会い）

マイナス（課題、不安・不満・不快、悩み、弱点など）

時間の経過

　ストーリー型は、このように右肩上がりのラインで示すことができます。

【ストーリー型の文章】

　今年の春までは、なかなか成績が伸びず、第一志望の学校に入ることは夢物語でした（模擬試験ではD判定）。あるとき、母の知人が家庭教師をしてくれることになりました。その先生の教え方がとてもわかりやすく、わたしの勉強意欲に俄然火がつきました。成績はみるみる伸びていき、秋の模擬試験ではB判定に！　来年はいよいよ受験です。このまま順調に成績を伸ばして、第一志望の学校に合格したいです。

内容を分解してみましょう。

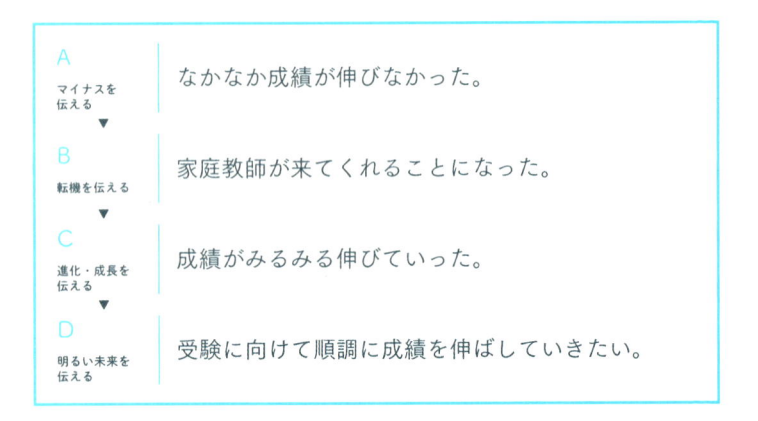

A マイナスを伝える ▼	なかなか成績が伸びなかった。
B 転機を伝える ▼	家庭教師が来てくれることになった。
C 進化・成長を伝える ▼	成績がみるみる伸びていった。
D 明るい未来を伝える	受験に向けて順調に成績を伸ばしていきたい。

　なぜ映画やドラマを好きな人が多いのでしょうか？　それは、そこにストーリー（物語）があるからです。ストーリーを追ううちに、あたかも自分がそのストーリーを体験しているかのような感覚を覚えます。そう、理屈や損得を超えた"追体験"が起きるのです。

　たとえば、あなたは、次の①や②のような展開に共感しますか？あるいは、心を動かされますか？

　① もともと勉強ができる主人公。成績はクラストップで、目
　　 立った挫折もなし。おそらく志望校にはラクラク受かるだ
　　 ろう。

　② 成績が伸び悩んでいる主人公だが……とくに転機も訪れ

> ず、成績は伸びないまま。おそらく志望校には受からない
> だろう。

どちらの展開にも、共感しにくく、心も動きにくいのではない
でしょうか。物語に起伏がないからです。

①は、単なる自慢話ですので、読みながら"鼻につく"という
人もいるでしょう。失敗知らずの優等生の物語は、その惚れ惚れ
する経歴がかえって嫉妬や反感を招くことはよくあります。

②は、はじめこそ共感が芽生えるかもしれませんが、読み進め
ると、どんどん重苦しい気持ちになってきます。「マイナス＝負
のエネルギー」ゆえ、あまりに"やり切れなさ"が募ると、耐え
られなくなったり、飽きたりすることがあります。

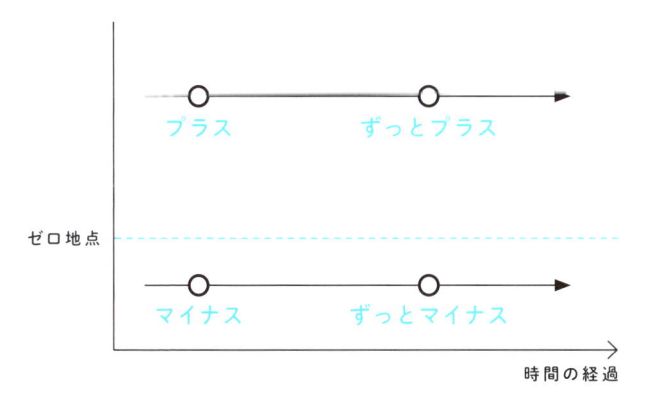

平坦な展開では共感は生まれない

プラス　　　ずっとプラス

ゼロ地点

マイナス　　ずっとマイナス

時間の経過

自慢話が続いても（①）、さえない話が続いても（②）、読む人の興味や関心は損なわれてしまいます。**ドラマ性が弱いと、人の感情は大きく揺さぶられません。**

　一方、多くの映画やドラマは右肩上がりで進みます。思わしくない状態の主人公が、転機を迎えて、変化していく姿に、読む人は深い感動や感銘を受けることもあります。人によっては、そこに自分や自分の未来の姿を重ね合わせる人もいるでしょう。

　小さい頃に読んだ童話や絵本、漫画、アニメのストーリーを今でも覚えている人もいるでしょう。あるいは、勉強でも、知識の暗記ではなく、ストーリーで学んだものは今でも覚えている、ということを、多くの人が経験しています。**読む人の記憶に定着しやすい**というメリットは、ストーリー型テンプレートの真骨頂です。

🗒 ストーリーのない文章と、ストーリー型の文章を比べると……

【原文（ストーリーのない文章）】

　現在、わたしはメーカーの営業部で働いています。営業の仕事で大切なことは、人とのつながりやコミュニケーションを大事にすることです。

　営業成績を上げるためには、自社商品を売ろうとするのではなく、困っている人や会社を助ける意識をもつことが大切です。

自社の商品は、誰かの役に立ってようやく完結する。その考えが、営業という仕事に対する使命感になっています。
　これからも、営業という仕事と徹底的に向き合って、自分の可能性を広げていきたいと思います。

　理解しやすい文章です。営業という仕事に対する書き手の価値観を「すばらしい」と感じる人も多いでしょう。
　一方で、この文章を読んで「感動した」「感銘を受けた」、あるいは「勇気をもらった」「『自分も頑張ろう！』と思った」という人は少ないかもしれません。**理屈として「すばらしい」と理解することと、心が揺さぶられることは同じではない**からです。

　なぜ、心が揺さぶられないのでしょうか？　その原因のひとつが、ストーリー要素の欠如です。原文で書かれているのは、「今わたしはこう考えています」という情報のみ。つまり、現在という「点」が書かれているにすぎません。
　もちろん、情報伝達目的のビジネスシーンでは、ストーリーで語ることが適さないケースも多いでしょう。**「点」を伝えるときには、結論優先型**（第３章）**や列挙型**（第２章）**が適しています。**

　一方で、読む人に強く共感してもらいたい、読む人の心を揺さぶりたい、読む人に行動をしてもらいたいときなどは、**「点」ではなく、過去 → 現在 → 未来をつなぐ「線」を意識する必要があります。**このようなときに重宝するのが、ストーリー型のテンプレートです。

【修正文（ストーリー型の文章）】

A
マイナスを伝える

希望のメーカーに就職したものの、配属先は花形の商品開発部ではなく、地味で日陰な営業部。仕事におもしろさを見いだせず、モチベーションの上がらない毎日を過ごしていました。もちろん、営業成績も低空飛行でした。

▼

B
転機を伝える

そんなある日、会社の先輩から勧められた1本の映画を観ました。タイトルは『WOOD JOB！（ウッジョブ）〜神去なあなあ日常〜』。チャランポランで弱々しかった都会育ちの青年が、田舎の町の林業研修プログラムに参加。林業の魅力に目覚め、少しずつ成長していく姿に感銘を受けました。

わたしは自分が何もチャレンジしていないことに気づき、恥ずかしくなりました。それと同時に、営業という仕事と真正面から向き合う覚悟を決めました。

▼

C
進化・成長を伝える

主体性と積極性をもって取り組むと、営業が思いのほかやり甲斐のある仕事であることに気づきました。とくに人とのつながりやコミュニケーションを大事にし始めてから、目に見えて成果が上がりました。

営業の役割とは、自社商品を売ることではなく、

困っている人や会社を助けることである。開発した商品は、誰かの役に立ってようやく完結する。このような考えに至ったことで、自分の中に営業に対する使命感が芽生えました。

▼

D
明るい未来を
伝える

環境のせいにして諦めたり手を抜いたりすることは簡単ですが、それでは真に満足のいく人生は送れません。どんな環境であれ、関わる人を大事にしながら、主体的かつ積極的に生きることで、やり甲斐や生き甲斐は生まれてくるものなのでしょう。今は天が与えてくれた営業という仕事と徹底的に向き合って、自分の可能性を広げていきたいと思っています。

ストーリー型

　原文との違いは一目瞭然ではないでしょうか。

　原文が頭で理解しやすい文章だったのに対し、ストーリー型を使った修正文は、心で感じやすい文章です。

　ポイントは、Aの「マイナスを伝える」です。**マイナスを語ることによって、読む人は、その人の気持ちに共感しやすくなります**。なぜなら、多くの人が自分の中にも"弱さ"があることを自覚しているからです。共感のほとんどは、文中で描かれる"弱さ"と読む人自身の中に潜む"弱さ"が共鳴し合うことで生まれます。

　とはいえ、ずっと"弱さ"を抱えたまま進む……という展開で

は、いずれ共感は弱まってしまいます。**読む人は、あたかも自分自身に期待を寄せるかのように、弱い主人公に訪れる変化（起死回生のドラマ）を期待しています。**

そう、起死回生のプロセスが描かれるとき、読む人の心が揺さぶられるのです。なかには、読み進めながら「頑張れ！」と主人公にエールを贈る人もいるでしょう。共感力が強い人であればあるほど、主人公の変化を自分自身の変化と重ね合わせて、そのストーリーの世界に没入します。

右肩上がりの終着点であるＤの「明るい未来を伝える」では、書き手のメッセージが綴られています（＝どんな環境であれ、主体的かつ積極的に動こう！）。主人公のマイナス時代を知っているがゆえ、そのメッセージは、読む人の心に響きます。

メッセージというのは、それ単体で光るわけではありません。**マイナスを克服した成長プロセスがあるからこそ（マイナスとの相対性によって）鮮やかに光り輝くのです。**
逆にいえば、もしもあなたが、読む人に何かしらのメッセージを届けたいなら、そのメッセージを抱くに至ったプロセスをストーリーで表現してみましょう。右肩上がりのストーリーを経て放たれたメッセージは、より強く、より深く、読む人の心に刺さるはずです。

ストーリー型の使い方のコツ①
マイナスは個人的なもの＆社会的なもの

Aの「マイナスを伝える」では、その文章の主人公（主テーマ）が見舞われている「悪い状態（＝マイナスの状態）」を伝えます。失敗談や情けない話、恥ずかしい話、コンプレックスなどを自己開示することによって、読む人が感情移入しやすくなります。

また、Aでは、**書き手の周囲や社会に存在するマイナス**を取り上げることもできます。たとえば、さまざまな社会問題や、ある場所で噴出した問題や課題、誰かしらが抱えている不平・不満・悩みなど。"好ましくない状態"を周知します。

以下はマイナスの一例です。

【個人的なもの】
・周りの人と上手に人間関係が築けない
・仕事で失敗した
・彼氏（彼女）にふられてしまった
・リストラされてしまった
・お金がなくて苦しかった
・気分が沈んでいた

ストーリー型

- ・〇〇で体調が悪かった
- ・〇〇ができずに困った
- ・〇〇に不安を感じていた

【社会的なもの】
- ・お年寄りの孤独死問題
- ・待機児童問題
- ・各種ハラスメント（パワハラ／モラハラ／セクハラなど）
- ・所得格差（貧富の差）
- ・インフラ老朽化
- ・人口減少社会
- ・ブラック企業
- ・食害
- ・差別問題（性差別など）

　もちろん、ここまで目立ったものでなくても構いません。「睡魔に襲われて困った」「タンスの端に足の小指をぶつけて悶絶した」「〇〇駅にはエレベーターがないので困る」。そういうことでも、十分にストーリーの発端（マイナス）になり得ます。

　同じ成功談でも、成功までのプロセスが語られていなければ、単なる自慢話と受け取られかねません。当然、読む人の共感や感情移入も生まれません。
　成功談を語るときほど、失敗談を起点とする右肩上がりのストーリーを活用しましょう。

ストーリー型の使い方のコツ②
動機はさまざま

Bの「転機を伝える」の転機（ターニングポイント）には、人から物、作品、場所、出来事まで、さまざまなものが入ります。以下は転機の一例です。

- 友人に勧められて読んだ本
- 暇つぶしに観た映画
- 偶然出会った人
- 新しい先生（上司／コーチ）
- 珍しく参加した飲み会
- 彼氏、彼女との出会い
- 結婚や出産
- 転職や異動
- レジャー先や旅先
- 引っ越し
- 初めて食べた料理
- 新しく始めた趣味

もしもあなたが、自分自身をテーマに、ストーリー型の文章を書いてみたいなら、まず「人生の流れが大きく変わったのは、どんなときだったか？」と考えてみてください。その答えこそが、あなたにとっての転機です。

自分以外のストーリーを紡ぐときも、考え方は同じです。潮目が変わったときや、情勢や状況や様子が変わったときのことを思い出してみましょう。大事なのは、変化に気づく目を養うことです。

ストーリー型の使い方のコツ③
大きな「差」を作る

　ストーリーには必ず落差が存在します。理想はAの「マイナスを伝える」で描かれる状況と、Dの「明るい未来を伝える」で描かれる状況が、大きく変化していることです。

　極端にいえばAは"痛み"で、Dは"喜び"です。世のストーリーテラーたちは、常にその差を意識しています。

[A] マイナス：汚く不潔な部屋だった。
[D] 明るい未来：きれいに片づいて清潔になった。

[A] マイナス：野球部で万年補欠の選手だった。
[D] 明るい未来：野球部に欠かせないレギュラー選手になった。

[A] マイナス：虚弱で病気がちだった。
[D] 明るい未来：体が丈夫になり、風邪ひとつひかなくなった。

[A] マイナス：組織のまとまりがなく、社員の士気も低かった。

［D］明るい未来：組織がまとまり、社員の士気が高まった。

　もしもAとDの落差が小さいとしたら、ストーリーの効果は、あまり期待できません。たとえば、「汚く不潔な部屋だった → ほんの少しだけきれいになった」という具合です。

　もちろん、落差のないストーリー自体が悪いわけではありません。落差の大きいものから小さいものまで、ストーリー型にはさまざまな使い所があります。

　とはいえ、読む人に強いインパクトを残したいときや、強い共感を誘いたいにもかかわらず、AとDの落差が小さいとしたら、その目的は達成できないかもしれません。**強い共感を誘うためには"強い痛み"と"大きな喜び"が必要なのです。**

　ストーリーに物足りなさを感じるときは「もう少し落差をつけられないか？」と考えたり、あるいは逆に、「落差が小さいので、ストーリーで語らないほうがいいのかも？」と"ストーリー型の破棄"を検討したりしましょう。

ストーリー型

ストーリー型の例文① エピソード文（ブログ記事）
「サンドイッチ話法のススメ」

1行ライティングで柱を作る

まずは1行ライティングで文章の柱を作ります。

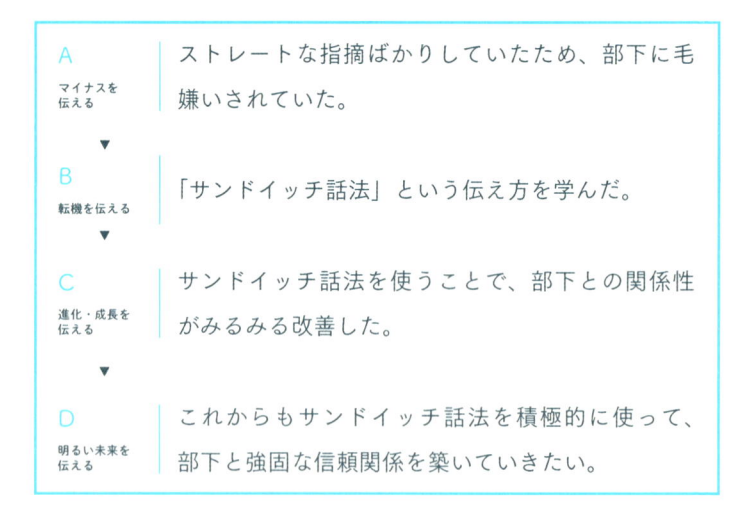

A マイナスを伝える	ストレートな指摘ばかりしていたため、部下に毛嫌いされていた。
▼	
B 転機を伝える	「サンドイッチ話法」という伝え方を学んだ。
▼	
C 進化・成長を伝える	サンドイッチ話法を使うことで、部下との関係性がみるみる改善した。
▼	
D 明るい未来を伝える	これからもサンドイッチ話法を積極的に使って、部下と強固な信頼関係を築いていきたい。

次に、各パートをふくらませていきます。

ふくらませて文章を完成させる

A
マイナスを
伝える

以前のわたしは、典型的な嫌われ上司でした。「おい木田！　今回のミスはいただけないぞ。すぐにリカバリーしろ！」のように、部下のミスに対して怒り散らしてばかり。その結果、部下たちから悪意や反感を抱かれるようになりました。

▼

B
転機を伝える

部下の冷ややかな視線を感じていたあるとき、たまたま参加したコミュニケーション系の研修で「サンドイッチ話法」について学びました。サンドイッチ話法とは、「相手を叱ったり、ミスを指摘したりするときに、単にそのことだけを伝えるのではなく、その前後に前向きな言葉や褒め言葉などを挟み込む伝え方」のこと。

たとえば、ミスを指摘するときは「木田くん、いつも成果を出してくれてありがとう。ただ、今回のミスはいただけないぞ。すぐにリカバリーするように。君には期待しているからな」というように、ネガティブな言葉をポジティブな言葉でサンドイッチします。

試しに指摘の前後に添えたポジティブな言葉（マーカー箇所）を省略した場合と読み比べてみてください。受ける印象は大きく異なるはずです。

ストーリー型

161

ネガティブな言葉をポジティブな言葉で挟み込む
ことで、部下が指摘や苦言を素直に受け取りやす
くなったようです。冷ややかな視線が和らぎ、部
下との関係性がみるみる改善していきました。

それだけではありません。部下たちのモチベーショ
ンが高まって、驚くほど成果を出すようになりま
した。

C
進化・成長を
伝える

複数の部下から「課長のように、部下のやる気を
引き出してくれる人が上司でよかったです」と言
われたときは、感激して涙が出そうになりました。
言い方ひとつでここまで人間関係が良好になると
は思ってもみませんでした。

指摘や苦言の前後に「前向きな言葉」や「褒め言葉」
を添えることは、相手に対する愛情や敬いの気持
ちを示すことなのでしょう。

D
明るい未来を
伝える

サンドイッチ話法のすばらしい点は、その話法の
中に、必ず相手に対する配慮と愛が含まれている
点です。これからも、サンドイッチ話法を使って、
部下と強固な信頼関係を築いていきたいと思いま
す。

部下に毛嫌いされていた上司が、サンドイッチ話法との出会い
を経て、大きく変化した様子を描いています。

特筆すべきは、①の「マイナスを伝える」で自身の失敗談を赤裸々に語っている点です。

　サンドイッチ話法の理屈をただ書き連ねても、おそらく読む人は「実際に試してみよう」とは思わないでしょう。理屈というのは頭には入っても、心には入りにくいものだからです。

　なかには「ふーん、そうなんだあ」と３秒後には忘れている人や、「めんどうくさそうなやり方だ」「大きなお世話だ」と取り合わない人もいるでしょう。

　一方、失敗談を交えながら、自身の右肩上がりのストーリー（＝部下との関係性改善エピソード）を語ったこの例文は、読む人の興味や感動を誘います。

　マイナスからスタートした話が、ターニングポイント（転機）を経て、進化・成長していく様子は、単に美しいだけでなく、興味と示唆にあふれています。理屈抜きに「わたしもサンドイッチ話法に挑戦してみよう！」と思う人も出てくるはずです。

ストーリー型

ストーリー型の例文② エピソード文（エッセイ風）
「移動販売のお弁当屋さん」

📋 1行ライティングで柱を作る

まずは1行ライティングで文章の柱を作ります。

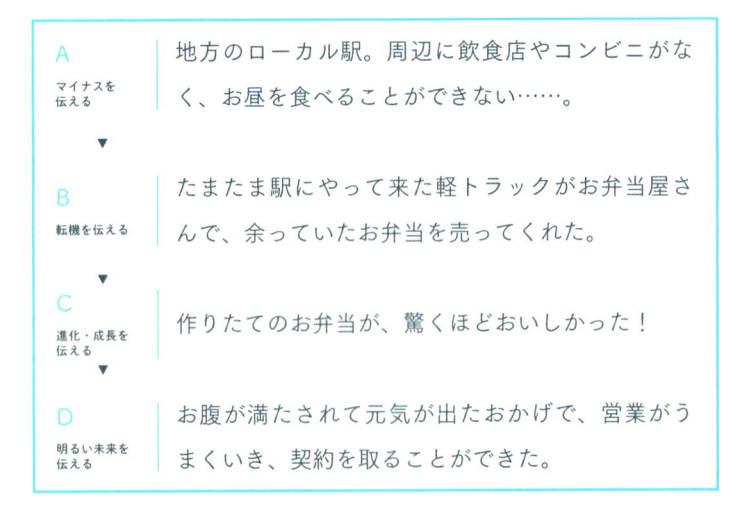

A マイナスを伝える	地方のローカル駅。周辺に飲食店やコンビニがなく、お昼を食べることができない……。
▼ B 転機を伝える	たまたま駅にやって来た軽トラックがお弁当屋さんで、余っていたお弁当を売ってくれた。
▼ C 進化・成長を伝える	作りたてのお弁当が、驚くほどおいしかった！
▼ D 明るい未来を伝える	お腹が満たされて元気が出たおかげで、営業がうまくいき、契約を取ることができた。

次に、各パートをふくらませていきます。

ふくらませて文章を完成させる

A
マイナスを
伝える

今日は、地方のローカル線沿いにある会社に、初めて営業訪問をする日。午後1時のアポだったため、少し早めに行って、駅周辺でお昼を食べようと思っていましたが……ワタクシ、地方の田舎駅をなめていました。

駅周辺にはチェーン店はおろか、飲食店もコンビニも見当たりません。完全に見込みが外れました。仕方なく駅前のベンチに座っていましたが、もともと食いしん坊のうえ、今日に限って朝食を抜いていたため、お腹がグーグーと鳴り始めました。「ちぇ、まったくツイてないなあ」と思わず天を仰ぎました。

▼

B
転機を伝える

ベンチに腰掛けて10分ほど経った頃、駅前に1台の軽トラが横付けされました。見るとなしに見ていたら、クルマから両手にビニール袋を下げた女性が、駅の中へ入っていきました。どうやら駅員さんへのお弁当の配達のようです。

「もしかしたら、お弁当屋さんかも？」。直感が働いたワタシは、思わず軽トラのほうに歩き出しました。そして、女性が戻ってきたところで「あのー、もしかしてお弁当屋さんですか？」と聞いてみた

ストーリー型

ところ、「ええ、そうです。買われますか？　ハンバーグとコロッケのお弁当ならありますよ」との返答。心の中で「やったー！」と絶叫しながらも、表向きは極めて冷静に（紳士ぶって！）「では、ひとついただけますか」と伝えました。

▼

C
進化・成長を
伝える

食事にありつけるだけでもありがたいことでしたが、このお弁当が驚くほどのおいしさ！　作りたてでホクホクのハンバーグは肉厚かつジューシー。ジャガイモの風味が抜群のコロッケも、うなるほどのおいしさでした。
お腹が空くと使い物にならなくなることを自覚しているだけに、あのままお昼ご飯を食べそびれていたら……と考えると、ゾっとしました。ああ、今日はなんてツイてるんだろう！

▼

D
明るい未来を
伝える

お弁当を食べたら急に元気が出て、勝負のかかった営業も絶好調。もともとはこちらのサービスに興味をもっていないお客様でしたが、最後には前のめりで契約書にサインをしてくれました。
「腹が減っては、戦はできぬ」の格言ではないですが、お腹を満たすことで、もてる力を十分に発揮できました。お弁当屋さん、本当にありがとう！！！
あっ、もちろん、地方のローカル駅に行くときには、

お昼を食べるアテが外れた主人公（書き手本人）が、運よくお弁当にありつける、少しクスリと笑えるエピソードです。この手のエピソードは、詳細をつぶさに描くことで、リアリティが高まっていきます。また、会話文を織り交ぜている点も、エピソード効果の高まりに一役買っています。

この文章の肝もAの「マイナスを伝える」と、Cの「進化・成長を伝える」の落差の大きさです。もしも、Aを省いて「今日のお昼は地方のとある駅のベンチでお弁当を食べました」と平凡な文章を書いていたら、読む人はまったく興味をもたないはずです。

Aで主人公のがっかり感（絶望感？）をしっかり表現したからこそ、お弁当にありつけたときの喜びと感動が特別なものになったのです。

ストーリー型

【読む人がたどる感情の動き】

・食べ物にありつけない

→ああ、かわいそうに……このあとどうなるんだろう？

・軽トラがやってくる

→軽トラ？　いったい、この先どうなるんだろう？

・お弁当屋さんからお弁当を購入

→すごい！　これはラッキーだ！　よく声をかけたなあ！
　そんなことってあるんですね！

・お弁当がとてもおいしい
→さらにラッキーでしたね！　いやー、本当によかった！

・営業もうまくいった
→お弁当パワーですね！　結果、最高の1日でしたね！

　このように、ストーリーを紡ぐことによって、読む人の感情が大きく揺れ動きます。主人公の気持ちに共感した読者は、あたかも主人公の気持ちになりながら、あるいは、主人公を見守る親のような気持ちになりながら、落胆したり、ハラハラしたり、喜んだりするのです。

　ちなみに、最後に書いた「地方のローカル駅に行くときには、事前に飲食店の有無を調べておこう、という反省も忘れませんでした（笑）」は、自虐的なオチながら、読む人にとっては教訓的な機能も果たしています。

ストーリー型の例文③ 本のレビュー（ブログ記事）

「書籍『happy money』のレビュー」

📝 1行ライティングで柱を作る

まずは1行ライティングで文章の柱を作ります。

A マイナスを 伝える	お金に対してネガティブな感情をもっていた。
▼	
B 転機を伝える	『happy money』を読んだら、ネガティブな感情の原因がわかった（「お金は自分の感情を映す鏡だ」ということ）。
▼	
C 進化・成長を 伝える	お金を受け取るときや支払うときに「ありがとう」の気持ちをもつようになったら、ネガティブな感情が薄まっていった。
▼	
D 明るい未来を 伝える	これからも、幸せなお金と一緒に無限の豊かさを味わいたい。

ストーリー型

次に、各パートをふくらませていきます。

A
マイナスを
伝える

「お金は汚いもの」「お金には限りがあるから、貯めておかないと不幸になる」。小さい頃からわたしはそんなふうに思ってきました。だからなのか、わたしはお金がないとき、いつも大きな不安の中にいました。お金を使うときは、自分が悪いことでもしているかのように感じることもありました。また、お給料や臨時収入が入っても、嬉しいという気持ちよりは、「ちゃんと貯めなきゃ」という意識が強く、いつもビクビクしていました。お金なんていう"こわいもの"を誰が作ったんだろう、とお金の存在を恨めしく思ったこともありました。

▼

B
転機を伝える

そんな折、たまたま手にして読んだのが、作家の本田健さんが書いた『happy money』という本でした。読み進めながら、わたしは頭を金槌で殴られたような衝撃を覚えました。なぜなら、わたしのお金に対するネガティブなイメージは「自分の感情の投影にすぎない」とわかったからです。

私たちが、お金に対してストレスや不安、心細さを感じるのは、かつて自分の間違いや自分に加えられた危害のことを根に持ち、未来に対して心配

してしまうからです。こうしたネガティブな考え方に引きずられるままにしていると、私たち自身の過去や未来に、今この瞬間の幸せを奪われてしまいます。【83ページより】

著者はあ然としているわたしに、こんな提案をします。

お金が自分のところにやってきたら、「ありがとう」。そして、お金が手元を離れていくときにも、同じように「ありがとう」と言ってみましょう。お金がどんなに役に立ってくれたかや、今あなたにもたらしてくれているものに感謝するのです。どんなことがあっても感謝の言葉を口にしましょう。【94ページより】

▼

わたしは、こんな方法で本当にお金に対する見方が変わるのだろうか？　と疑問を感じながらも、とりあえず、「ありがとう」を実践することに。お金をもらうときにも、お金を払うときにも、「ありがとう」と心の中で感謝の気持ちをつぶやくようになりました。

効果はてきめんでした。1週間もしないうちに「ありがとう」とつぶやくことに喜びを感じるようになり、お金に対する不安が、少しずつ薄まっていっ

C
進化・成長を
伝える

ストーリー型

たのです。

▼

> もう「お金は汚いもの」とも「お金を貯めないと不幸になる」とも思っていません。自分は豊かさのなかにいて、わたしの周りには幸せなお金（＝happy money）が循環している、と感じています。お金を払うことが、こんなに気持ちいいことだなんて……気づきませんでした！　自分がお金を支払うことで、誰かを幸せにしているかと思うと嬉しい気持ちになります。これからも、幸せなお金と共に、無限の豊かさを味わっていきたいと思います。

D
明るい未来を伝える

　読書感想文を書く際、多くの人が本の内容のシェアに終始しがちです。もちろん、本の内容を書くことも大事ですが、それだけでは、読む人の興味を引くことはできません。

　それに、本の内容ばかり書いていては、ほかのレビューと差別化を図ることができません。本の内容は、あなたが書かなくても、誰かが書いているからです。

　ストーリー型のテンプレートを用いたこの文章は、本の内容についてではなく、この本を読んで自分自身がどう変化したか、その経験談を軸に書かれています。右肩上がりの体験を書くことで、読む人の感情移入や共感が生まれ、その結果として、本に興味をもつ人が増える、という流れができ上がりました。

仮に、書き手のストーリーを省き、「お金に対してもつイメージは、その人の感情の投影にすぎません」という理屈だけ書かれていたとしたら、読む人はどう思うでしょうか？　「わかったようなわからないような話だなあ……」「なんだか、小難しそうな話だなあ」といぶかしむかもしれません。そうなれば、当然、この本への興味も失われていきます。

　ストーリー型を使って自身の変化を描くときは、語るべきポイントを絞り込むことも大切です。この文章の場合、さまざまな学びや気づきのなかから「お金に対するネガティブなイメージは、自分の感情の投影にすぎない」という点に絞って、ストーリー展開しています。

　ポイントが多すぎると、一つひとつのポイントが希釈されて、読む人が受け取りにくくなります。なかには、情報量に圧倒されて、途中で離脱する人も出てくるかもしれません。

　繰り返しになりますが、情報はたくさん書けばいいというものではありません。より優先度の高いメッセージに絞ることによって、読む人がそれを受け取りやすくなります。

ストーリー型の例文④ 学生向けメッセージ（寄稿文）

「失敗を喜ぼう」

📑 1行ライティングで柱を作る

まずは1行ライティングで文章の柱を作ります。

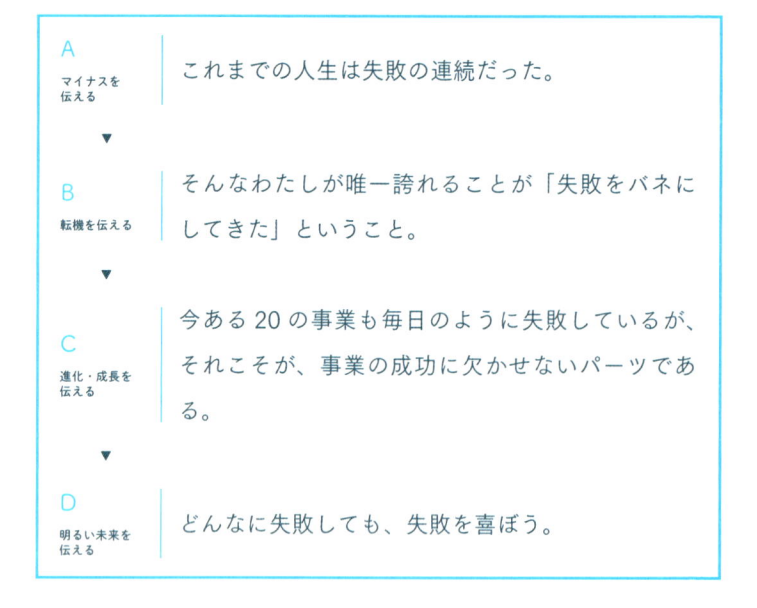

次に、各パートをふくらませていきます。

A
マイナスを
伝える

○○学校のみなさん、こんにちは。○○株式会社の大塚太郎です。わたしのことを立派な経営者だと思っている人もいるかもしれませんが、それは大きな誤解です。これまでの人生を振り返ると、失敗の連続でした。大学受験に失敗して二浪する。就職浪人して入った会社はわずか２年で倒産。起業後はサービスが売れず、個人で数千万円の借金を背負ったこともあります。

ようやく自社の会員サービスをヒットさせたと思ったら、今度は、頼りにしていた主要スタッフに一斉に辞められてしまい、サービスを打ち切らざるを得なくなりました。今でも毎日が失敗の連続ですし、もはや人生の中に失敗は織り込み済み、とすら思っています。

▼

B
転機を伝える

そんなわたしに、ひとつだけ誇れるものがあるとしたら、それは「失敗をバネにしてきた」という点かもしれません。失敗した直後は人並みに落ち込むものの、「失敗したからもうダメだ」「失敗したからもう挑戦しない」とは考えません。

そうではなく、失敗の原因を特定したうえで、二度と同じ轍を踏まないことを心がけました。そう

ストーリー型

すれば、失敗するたびに成功に近づく、という前向きな状況が生まれます。

自転車に乗り始めの子どもと同じです。最初から自転車に乗れる人はいません。何度も何度も転びながら勘をつかんでいき、乗れるようになっていくものです。

悪いのは転ぶことではなく、転んだことを言い訳にして挑戦をやめてしまうことです。七転び八起きの精神さえあれば、世の中に本当の意味での「失敗」は存在しなくなります。「失敗＝成功へ続く階段を一段のぼった」という意味だからです。

▼

わたしは今、500人の社員と共に約20の事業を同時に走らせています。順調にいっている事業はもちろんありますが、それらの事業とて、細かく見ていけば毎日が失敗の連続です。しかし、その失敗こそが、事業の成功には欠かせないパーツなのです。

C
進化・成長を
伝える

ちなみに、わたしたちの会社の社訓は「No Challenge, No Success（挑戦なくして成功なし）」です。挑戦には失敗がつきものです。失敗がないとしたら、それは、少し危機感を抱かなければいけない状態です。挑戦を怠っている可能性がある、ということです。挑戦こそが、会社を成功へと導く最強の推進エンジンです。

みなさんは、これからさまざまな経験や体験をすることでしょう。そのつど、大小問わず、多種多様な失敗をするでしょう。しかし、それらの失敗はあなたの勲章です。あなたが挑戦したからこそ、その失敗は起きたのです。だから失敗を喜びましょう。その失敗は、あなたが一歩成長に近づいた証です。そこから「何かを学びなさい」という天からの助け舟です。その失敗から逃げずに向き合い、二度と失敗しないために何が必要かを考えてみてください。そのくり返しが、あなたを大きく成長させるでしょう。あなたの未来が「失敗を喜ぶ精神」で輝くよう祈っています。

誰かに何かしらのメッセージを伝える。そんなときにも、ストーリー型が大きな効果を発揮します。

この文章には少し特徴的な箇所があります。それはBの「転機を伝える」です。よく読むと、ここでのターニングポイントは時系列による「○○との出会い」という類のものではありません。

代わりに用いたのが「ひとつだけ誇れるものがあるとしたら、それは『失敗をバネにしてきた』という点かもしれません」という記述です。これは、自身の特性とも言うべきものです。つまり、自身の特性が、Aの「マイナスを伝える」からCの「進化・成長を伝える」への橋渡し役（＝転機）を担っているのです。

このようにBの「転機を伝える」は、時系列での出会いのみならず、「変化のきっかけ」になる事柄やポイント、ツール、考え方、思いなどでもOKです。この使い方ができるようになると、ストーリー型テンプレートの活用の場が一気に広がります。

学生へ向けた最大のメッセージは「失敗を喜ぼう」です。失敗は多くの学生にとってネガティブなイメージでしょう。そんな彼ら彼女らに「失敗を喜ぼう」と言ってもピンとこないかもしれません。ヘタをすると「この人、何を言っているの？」「きれいごとを言うな」と拒否反応を示す恐れもあります。

こうしたネガティブイメージの壁を越えてメッセージを突き刺すには、自身の失敗と、その失敗とどう向き合ってきたかを具体的に示す必要があります。

とくに重要なのはAの「マイナスを伝える」です。ここで"失敗の連続だった自分"に共感してもらうことで、Cの「進化・成長を伝える」で表現した「失敗＝悪いもの → 失敗＝いいもの」というロジックや、Dの「明るい未来を伝える」で伝えた「失敗を喜ぼう」というメッセージが、学生たちの心に響くのです。

なお、以下の太字箇所のように、冒頭でスパっとメッセージを伝えてからストーリーに入る方法もあります。

○○学校のみなさん、こんにちは。 ○○株式会社の大塚太郎です。**今日はみなさんに「失敗を喜ぼう」というメッセージを贈りたいと思います。**

わたしのことを立派な経営者だと思っている人もいるか
もしれませんが、それは大きな誤解です。＜以下省略＞

　もっとも、冒頭で示すメッセージが平凡すぎると、その時点で
「つまらなそう」と思われて離脱されかねません。メッセージの
選定にも力を注ぎましょう。

SNSに効く小技⑧
白黒つけられないときの結論はどうする？

　結論が大事とはいえ、世の中には、簡単に白黒つけられ
ないことや、結論を下せないこと、判断に迷うこともある
でしょう。そんなときは、「結論を出せずにいる」——その
状態を結論として示す方法もあります。
「正直、○○についてはよくわかりません」「○○はわたし
の手に負えない問題です」「歯切れが悪くて申し訳ないです
が〜」「奥歯に物が挟まったような言い方になりますが〜」
のように、素直な気持ちを書くことで、読む人に正直さや
誠実さを伝えることができます。

　一方で、「あえて結論を出さない」というスタンスで論旨
を展開していくアプローチもあります。「○○について、そ
の正否を問うこと自体がナンセンスでしょう」のような形
です。続いて「あえて結論を出さない理由」を掘り下げて
いければ、深みと説得力を備えた文章になるでしょう。"結
論を示せない（あえて示さない）ことも結論"なのです。

ストーリー型

ストーリー型の効果を高めるコツ①
パワーを出したいなら、
手強い敵や深い葛藤を描こう

　ボーッとしていたら、たまたま天から恵みが降ってきた。幸運が地面から浮かび上がってきた。そんなファンタスティックなストーリーもいいですが、もしもストーリーの効果をよりパワフルなものにしたいなら、Ａの「マイナスを伝える」で、手強い敵との対立や、深い葛藤を描くのもひとつの方法です。

　そのうえで「なにチキショー」「負けてたまるか」「絶対にやってやる」と、ファイティングポーズを作って主人公が戦う姿は、読む人に勇気や希望を与えます。こうした手法は多くの映画やドラマ、小説などにも使われています。

　ストーリー型の文章を書くときに意識すべきは「壁」です。Ａの「マイナスを伝える」パートでは、主人公の目の前にいつでも壁があります。その壁の高さは、その主人公が対峙する敵の手強さや、心の葛藤や悩みの深さによって変化します。

> ・敵が手強い／心の葛藤や悩みが深い → 壁は高くなる。
> ・敵が弱い／心の葛藤や悩みが浅い → 壁は低くなる。

もちろん、どちらがいい悪いではありませんが、場合によっては、壁が低いストーリーが求められることもあるでしょう。

　一方で、ストーリーの効果をよりパワフルにしたいときは、もっと壁を高くすることはできないかな？　と考えることも大切です。

ストーリー型

COLUMN

SNSに効く小技⑨
何気ない日常もストーリー添加で彩りがでる

　何気ない日常を切り取って SNS に投稿するときにも、ストーリー型の出番はあります。

　たとえば「久しぶりに友人Aと会って焼き肉を食べました！」という投稿にも、ストーリーを編み込むことはできます。「仕事でのミスが続いて、ここ数日はヘコみっぱなし……。そんな折、親友Aから連絡があって焼き肉を食べに行くことに。肉を焼きつつAに話を聞いてもらっていたら、いつの間にかに元気になっていました！　聞き上手なAに感謝。やっぱり持つべきものは友ですね〜」。

　このように、冒頭でマイナスな状態を書くことで、全体がストーリー化しました。最後には「持つべきものは友ですね〜」はベタながらも教訓として機能しています。

　どんな小さい出来事にもストーリーの種は必ずあるもの。その種を積極的に探しにいきましょう。

ストーリー型の効果を高めるコツ②
ストーリーは「わかりやすく シンプルに」が基本

　頭の回転が速い人や、思考が深い人ほど複雑なストーリーを書いてしまいがちです。異なるストーリーをいくつも同時に走らせたり、登場人物やテーマをたくさん盛り込んで壮大な世界を紡いだり、あえて難解でわかりづらくしてみたり……という具合です。

　もちろん、あなたが小説を書いているなら、複雑なストーリーに挑戦する価値はあるでしょう。一方で、多くの場合、読む人が共感や感情移入しやすいストーリーはシンプルです。「転機」という橋で、ビフォー・アフターをわかりやすくつないでいます。それゆえ、理解度も増し、感情も大きく動き、印象にも強く残るのです。

　ディテールや構成に凝りすぎると、「読みたくない」「よくわからない」「難しい」と思われかねません。ストーリーを作ることは楽しい作業ですが、あまり奇をてらいすぎたり、凝りすぎたりしないよう注意しましょう。

ストーリー型の効果を高めるコツ③
ハッピーエンドで
ドーパミン放出を狙う

　Dの「明るい未来を伝える」は、言い換えるならハッピーエンドです。神経学的研究では、ハッピーエンドのストーリーが、人間の脳の報酬（欲求）を司る辺縁系にドーパミンを放出させるきっかけになることがわかっています。

　ドーパミンとは「意欲」「運動」「快楽」に関係する神経伝達物質のことで、その人に「気持ちがよい」「心地よい」という感情を芽生えさせます。

　もちろん、ストーリーにはハッピーエンドだけではなくバッドエンドも存在します。しかし、これは、小説などで＜読む人にあえて「悪い読後感」や「微妙な読後感」を残したい＞という狙いがあるときに使うものです。

　わたしたちが書く多くの文章では、ハッピーエンドがもたらす効果——読む人の脳内でドーパミンを放出させる——に意識を向けておきましょう。放出されるドーパミンの量が多ければ多いほど、Dで語られるメッセージが読む人の心に刺さりやすくなります。

ストーリー型の効果を高めるコツ④
ビジネスシーンでも使いどころがある

　ビジネスシーンで求められるのは、多くの場合、論理的で簡潔な文章です。情報伝達重視の報告書でストーリー型を使えば、相手に引かれてしまうかもしれません。

　一方で、ビジネスシーンでも、読む人の感情を揺さぶる必要があるときにはストーリー型が重宝します。たとえば、以下のようなシチュエーションです。

① **お客様の体験談をストーリーで語る。**
→自社の商品・サービスの魅力をアピールできる。

② **部下を説得したり、鼓舞したりするときに、自分の体験談や世の中にある実例をストーリーで語る。**
→部下の心が動き、納得してもらいやすくなる。

③ **企業のトップや幹部が、社員にビジョンや理念を浸透させるときに、自分や企業の体験談をストーリーで語る。**
→社員の心が動き、ビジョンや理念が浸透しやすくなる。

④ **企画書や提案書、プレゼン資料などに、なぜこの企画や提案や商品が必要なのかをストーリーで語る。**
→企画や提案やプレゼンの内容が採用されやすくなる。

⑤ **ビジネスプロフィールで、自身の実績や専門性、扱っている商品の開発秘話などをストーリーで語る。**
→お客様やクライアントに、興味をもってもらいやすくなる。

たとえば、商品もストーリーで表現することができます。

　このチーズケーキは、ただのチーズケーキではありません。30年の実績を誇る当店のパティシエ・鈴木太郎は、幼少期に一度だけ驚くほどおいしい "ふわとろ食感" のチーズケーキを食べました。しかし、どこで食べたかは覚えていません。彼は「もう一度、あのチーズケーキを食べたい」と、記憶だけを頼りに、10年以上の歳月をかけて、レシピを試行錯誤しました。そして、ついに懐かしの味の再現に成功したのです。これまでのキャリアの中で、鈴木が唯一「自分のために作った」という「オーセンティックチーズケーキ」。彼の幼少期の夢をおすそ分けします。

あなたも、このチーズケーキを食べたくなったのでは？　もしもこのチーズケーキを単に「新商品のチーズケーキです」と販売していたら、評判にはならないでしょう。商品開発にまつわるストーリーを語ることで付加価値が生み出されたのです。

ストーリー型

ストーリー型のアレンジ①
右肩下がりの「逆ストーリー」で自虐を描く

　これまでお伝えしたとおり、ストーリー型は、右肩上がりの出来事を描くことで、爽快な読後感を残すテンプレートです。

　他方、このストーリー型をベースに、右肩下がりの文章を書くこともできます。右肩下がりですので、堕落や転落、あるいは、絶望や苦労、失敗などを記したいときに有効です。

　もちろん、ただ落ちていくだけでは読む人にとって重々しいものになりかねません。最後に、その経験から得た気づきや学んだ教訓などを示すことによって、読む人に強い納得感を残すことができます。

A プラスを伝える（＝ハッピーな状況を伝える）
　└以前は、こんなにすばらしい状況でした。

▼

B 転機を伝える（＝悪夢を伝える）
　└ところが、こんな悪夢に見舞われてしまいました。

▼

堕落・低迷を伝える（＝状況が暗転した様子を伝える）
 └そのせいで、悪い状況に変わってしまいました。

▼

教訓を伝える
 └この経験からこんなことを学びました。

例文を見てみましょう。

A プラスを伝える （＝ハッピーな 状況を伝える）	以前の自分は、体力だけには自信がありました。人よりもタフで、仕事でどんなにハードな毎日が続いても、翌日には元気いっぱいに出社していました。自分は風邪や病気とは無縁、と思い込んでいました。
▼	
B 転機を伝える （＝悪夢を 伝える）	ところが、ある日、自分が咳をしていることに気づきました。はじめは「珍しいな。まあ、一晩眠ればよくなっているだろう」くらいに軽く考えていました。 ところが、1週間経っても、2週間経っても、咳が止まりません。病院に行ったところ、「百日咳」と診断されました。子どもに多い病気のようですが、最近は大人の感染者も増えているそうです。
▼	
	「たかが咳」と思ってはみたものの、発作で咳が止

C

堕落・低迷を
伝える
（＝状況が
暗転した
様子を伝える）

▼

D

教訓を伝える

まらなくなることもありました。激しい咳が続く
と、思いのほか体力が奪われていきます。免疫力
が下がったのか、今までにない肌荒れにも悩まされ
ました。一晩じゅう咳が止まらず睡眠不足になり、
翌日の仕事にも影響を及ぼすこともありました。

考えてみれば、わたしもあと3年で40歳です。少
しずつ体のムリが利かなくなってきているのかも
しれません。今回の百日咳は、おそらく神様から
の警告だったのでしょう（突然死などでなくてよ
かった！）。これからは、ハードに仕事をしたら、
その分、しっかり休養するなど、疲労がたまらな
いよう注意したいと思います。

　健康だった主人公（書き手）が、病気にかかり、その病気から
学びを得る右肩下がりのストーリーです。決してワクワクする内
容ではありませんが、右肩下がりもまた人生の一部。下り坂のス
トーリーを読み進めながら、「この先、いったいどうなってしま
うのだろう？」とハラハラ・ドキドキする人もいるでしょう。

　例文の場合、Dの「教訓を伝える」で、「百日咳は神様からの
警告」と意味づけた点が秀逸です。仮に、この気づきを省いてい
たなら、読む人にとって"ただの暗い話"で終わっていたことで
しょう。

　なお、右肩下がりの文章では「自虐的な笑い」を取ることもで

きます。例文であれば、Dの「教訓を伝える」のパートで以下の
ような書き方が考えられます。

【 自 虐 的 な オ チ ① 】

　考えてみれば、わたしもあと３年で40歳です。少しずつ
体のムリが利かなくなってきているのかもしれません。金
輪際「体力だけには自信があります！」のセリフは封印す
るとしよう……。

【 自 虐 的 な オ チ ② 】

　考えてみれば、わたしもあと３年で40歳です。少しずつ
体のムリが利かなくなってきているのかもしれません。唯
一、人様に誇ることができた「特技＝体力」の自慢を剝奪
されて、わたしはどこへ向かえばいいのだろう……（涙）

【 自 虐 的 な オ チ ③ 】

　考えてみれば、わたしもあと３年で40歳です。少しずつ
体のムリが利かなくなってきているのかもしれません。こ
うなったからには、少しずつ「肉体派」から、「頭脳派」へ
シフトしていくしかあるまい（←絶対にムリ）。

「病気」を転機とする右肩下がりのエピソードをまじめに綴りな
がらも、自虐的なオチでクスリと笑わせることができれば、「お
もしろい文章を書く人だ」「ユーモアがあって楽しい！」と好印
象を残すことができるでしょう。

ストーリー型

ストーリー型のアレンジ②
「悩み」と「効果」を盛り込んでセールス文章を書く

　商品やサービスを売る文章のことを「セールス文章」といいます。セールス文章を読んだ人に「買いたい！」と思ってもらうには、読む人の感情を動かす必要があります。なぜなら、消費者の購買意欲は感情の動きに伴って上下動するものだからです。

　共感を誘うストーリー型は、そのままセールス文章にもアレンジ可能です。

　Aの「マイナスを伝える」のパートで、その商品のターゲットとなる人たちの悩みや問題を示したあと、Bの「転機を伝える」で商品やサービスを登場させます。つまり、商品やサービスとの出会いこそが、その人の転機になるわけです。

　Cの「進化・成長を伝える」では、その商品やサービスを使うことで得られる効果や恩恵について語ります。この効果や恩恵に魅力があるほど、読む人の気持ちはグッと購入に傾くでしょう。

　Dの「明るい未来を伝える」では、その商品やサービスを購入することで、どれほどすばらしい未来が待ち受けているかを、感じてもらいます。ワクワクと期待に胸をふくらませる……そんな読後感を与えることができたら及第点です。

A マイナスを伝える（＝消費者の悩みや問題を伝える）

└あなたには、こんな悩みや不安はありませんか？

▼

B 転機を伝える（＝商品・サービスの紹介）

└その悩みはこの商品・サービスで解決できます。

▼

C 進化・成長を伝える（＝商品・サービスを使うことで得られるメリット）

└この商品・サービスを使うことで、あなたは〇〇というメリットを得ることができます。

▼

D 明るい未来を伝える

└使い続けることで、△△という未来を手にできるでしょう。

ストーリー型

例文を見てみましょう。

A マイナスを 伝える （＝消費者の 悩みや問題を 伝える）	ファスティングや糖質制限をしてやせたけど「風邪をひきやすくなった」「疲れやすくなった」「冷え性がひどくなった」など、体の不調を訴える人が少なくありません。 せっかく体重を落としても健康を害しては本末転倒です。とくに筋肉量が少なめで低体温の人ほど、やせたときに不健康になってしまう傾向にあります。

▼

<筋肉から美スタイルを作る>をコンセプトとする「スリム＆シャープ」は、筋肉量を増やして新陳代謝を活性化。体温を上げていくことを目的とする新感覚ダイエット法です。

1日10分でできる簡単な筋トレに加え、筋肉を作る食材を用いた「アミノ酸フードレシピ」を提供。運動と食事の両面から、健康を損ねることなく体重を落とすダイエット指導を行っています。

B
転機を伝える
（＝商品・
サービスの紹介）

▼

この指導を受けることで、血行の促進と基礎代謝の向上、さらには平均体温の上昇を実現。基礎代謝でのエネルギー消費が増えることによって、健康的に体重を落とすことができます。

なお、平均体温が1℃上がると、免疫力が5倍になるといわれています。そのため、風邪や病気になりにくくなるほか、低体温が原因とみられる「疲れ」「冷え」「頭痛」「生理痛」などの改善効果も見込めます。

C
進化・成長を
伝える
（＝商品・
サービスを使う
ことで得られる
メリット）

▼

<筋肉から美スタイルを作る>ことは、「美しい外観」という点にとどまらず、内面的な美しさ、さらには、健康的で美しい人生をデザインすることにほかなりません。もしもあなたが最高の健康と美しいスタイルの両方を手にしたいなら、筋肉か

D
明るい未来を
伝える

　Ａの「マイナスを伝える」で提示した「悩みや問題」を読んだときに、このサービスのターゲットとなる人たちに「これは自分のことだ！」と感じてもらうことが大事です。Ａの文章を"自分ごと"ととらえた人は、興味をもって続きを読み進めてくれるでしょう。

　Ｂの「転機を伝える」は商品・サービスの紹介です。商品の特長については、このパートでしっかりと伝えます。

　Ｃの「進化・成長を伝える」では、商品・サービスを購入する人たちが得られるメリットを書いています。ここで示すメリットこそが、お金を払う「価値」です。仮に3000円の商品だとしたら、このパートで「3000円以上の価値がある商品だ」と思ってもらう必要があります。

　Ｄの「明るい未来を伝える」では、清々しい読後感を残すと同時に、購入を迷っている読者の背中をポンと押してあげましょう。

　世の中にある多くのセールス文章が、商品やサービスの説明や特長の紹介に終始しています。その結果、ターゲットに興味や関心をもってもらうことができず、"買ってもらう"という目的を達成できずに終わってしまうのです。

　ストーリー型を使ったセールス文章であれば、読者の「悩み」から入り、「効果（＝悩みや問題の解決）」へと流れるため、ターゲット（おもに見込み客）が無意識のうちに引き込まれます。その結果、「売り込まれている」と感じることなく、彼ら彼女らに

ス
ト
ー
リ
ー
型

商品の必要性に気づいてもらうことができます。

　なお、セールス文章を書く人は、実際にこのテンプレートを使う・使わないにかかわらず、一度は、このテンプレートに当てはめてアウトプットすることをオススメします。すると、セールス文章に必要な素材（情報）が効率よく手元に集まります。

COLUMN

SNS に効く小技⑩
「ジャパネットたかた」に学ぶストーリー展開

　通販番組でおなじみ、ジャパネットたかたの髙田社長（現在は退任）。あのテンポのよい語り口につられて、思わず商品を買ってしまった人は少なくありません。

　彼の語り口のひとつの特徴は、冒頭で投げかけてくる「○○なことで困っていませんか？」という言葉にあります。この言葉によって、視聴者は自分の中にあるマイナス（悩みや困りごと）を自覚します。番組では、そのあと、商品を転機として明るい未来へ向かう姿を描いています。

　これぞ王道のストーリー型。わたしたちが SNS で商品やサービスを紹介するときにも、この展開を使わない手はありません。

「ストーリー型」テンプレートで 1行ライティングしてみよう

<お題>あなたの人生で最も大きな転機は何でしたか？　その転機の前と後で何が変わったのかを、ストーリー型テンプレートで書いてみましょう。Dの「明るい未来を伝える」では、その経験を通じてあなたが得た教訓をメッセージとして伝えてください。

A　マイナスを伝える（以前のわたしは○○でした）

B　転機を伝える（あるとき、こんな△△と出会いました）

C　進化・成長を伝える（わたしはこんなふうに変化しました）

D　明るい未来を伝える（この経験で得たものは□□でした）

第 5 章

テンプレートミックスで長文を書こう

最後にワンランク上のテクニックとして、今までご紹介した3つのテンプレートを組み合わせる技をご紹介。テンプレートの組み合わせ方をマスターすれば、どんな長文を書くことになってもこわくありません。

テンプレートは
組み合わせができる

　これまでお伝えしてきた「列挙型」「結論優先型」「ストーリー型」という３つのテンプレート。長文を書くときは、これらをミックスする方法もあります。

　長文の場合、どうしても、話が脱線したり、支離滅裂になったりしがちです。その点、情報の乱れを制御する役割をもつテンプレートは、長文であるほど重宝する、ともいえます。

　一般的に、列挙型や結論優先型は左脳派（論理的に考えるのが得意な人）、ストーリー型は右脳派（情緒や感情が豊かな人）に響きます。このふたつを組み合わせることができれば、左脳派と右脳派のどちらのタイプにも響きやすくなります。

　もちろん、やみくもに組み合わせればいいというものではありません。その文章の目的や、伝えたいメッセージ、読む人に残したい印象、それぞれのテンプレートが備える効果などを勘案しながら、ベストな組み合わせを選びましょう。

テンプレートミックス例①
「ストーリー型＋結論優先型」

　はじめに紹介するのが、ストーリー型の中に結論優先型を盛り込むスタイルです。ストーリー型の「B：転機を伝える」のパート内に結論優先型を組み合わせています。

A マイナスを伝える

▼

B 転機を伝える
　└ B-a 結論を伝える
　└ B-b 理由・根拠を伝える
　└ B-c 具体例・詳細を伝える

▼

C 進化・成長を伝える

▼

D 明るい未来を伝える

エッセイ風の具体例を紹介します。テーマは「新しい熱中症予防法『手のひらを冷やす』の驚くべき効果」。

まずは１行ライティングで全体の流れを把握します。

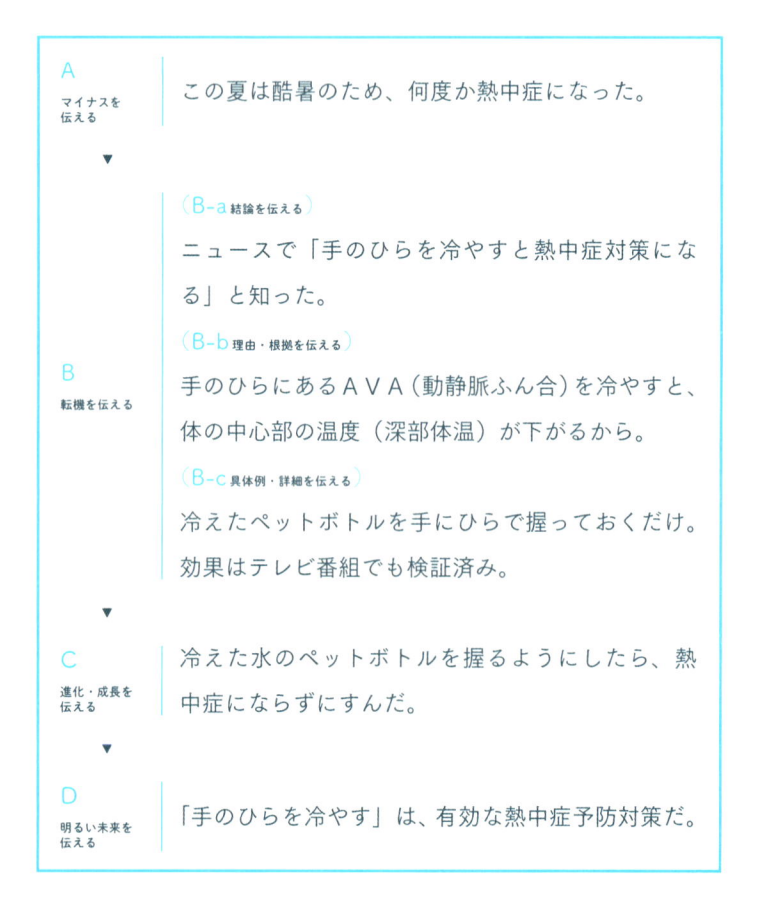

| A マイナスを伝える | この夏は酷暑のため、何度か熱中症になった。 |

▼

（B-a 結論を伝える）
ニュースで「手のひらを冷やすと熱中症対策になる」と知った。

（B-b 理由・根拠を伝える）
B 転機を伝える
手のひらにあるＡＶＡ（動静脈ふん合）を冷やすと、体の中心部の温度（深部体温）が下がるから。

（B-c 具体例・詳細を伝える）
冷えたペットボトルを手にひらで握っておくだけ。効果はテレビ番組でも検証済み。

▼

C 進化・成長を伝える
冷えた水のペットボトルを握るようにしたら、熱中症にならずにすんだ。

▼

D 明るい未来を伝える
「手のひらを冷やす」は、有効な熱中症予防対策だ。

では、実際に文章をふくらませていきましょう。

A
マイナスを
伝える

この夏の酷暑には、本当にまいりました。家から一歩外に出ると、モワっとした熱気に包まれて、5分と立っていることができない。頭痛やめまい、吐き気など、熱中症の症状が出たことも何度かありました。もともと暑さが苦手なわたしには、なんともツラい日々でした。

▼

（B-a 結論を伝える）

そんなときにニュースで知ったのが、「手のひらを冷やすと熱中症対策になる」というもの。首や脇の下ではなく、「手のひら」というのが衝撃的でした。

（B-b 理由・根拠を伝える）

B
転機を伝える

なんでも、手のひらには体温を調節するＡＶＡ（動静脈ふん合）という血管があり、その血管を冷やすことで血液の温度、ひいては、体の中心部の温度（深部体温）を下げることができるのだそう。

（B-c 具体例・詳細を伝える）

冷やし方は簡単、コンビニなどで買った冷えたペットボトルを手にひらで握っておくだけ。そのニュースでは、炎天下で実験を行っていました。気温37℃超えの日に、ふつうに800メートル歩いたときと、ペットボトルを握って歩いたときの体温の違いを比較したのです。結果は、前者の体温が

37.9℃で、後者の体温が37.5℃。ペットボトルを握っていたときのほうが、ふつうに歩いたときより0.4℃も低くなりました。

▼

C

進化・成長を
伝える

このニュースを見た日から、わたしは、猛暑の日には、必ず冷えたお水のペットボトルを握るようにしました。すると、以前よりもカラダに熱がこもりにくくなり、気分が悪くなることが少なくなりました。まさか、手のひらを冷やす方法に、これほどの効果があるとは思いませんでした。

▼

D

明るい未来を
伝える

今年の夏は、7月29日から8月11日の2週間に全国で約3万人が熱中症のため救急搬送されたといいます。命を落とした人も少なくなかったようです。そういうニュースを耳にするたびに、胸が痛くなります。「手のひらを冷やす」という、簡単にして有効な熱中症予防対策が、世の中に広まることを祈っています。

「手のひらを冷やす熱中症予防対策」についてロジカルに説明するだけでなく、「熱中症に悩まされていた → 悩みが解消された」という書き手自身の体験談（ストーリー）を語ることで、読む人に共感されやすい文章に仕上がりました。

　全体として右肩上がりのストーリーラインを描きながら、転機となった「手のひらを冷やす方法」については、結論優先型を使っ

て、説得力満点に書いています。

　特筆すべきは、B－b「理由・根拠を伝える」のパートです。もしも、このパートの「手のひらを冷やす理由」が書かれていなければ、読む人は「なんだか胡散臭い方法だなあ」「手のひらに冷たいペットボトルを握るくらいで、熱中症予防になるわけがない」のような、否定的な受け止め方をしてしまうかもしれません。
　心に響く「ストーリー型」と、理解度や納得度を高める「結論優先型」を組み合わせる方法は、あらゆるタイプの人の興味・関心を引くことができるアプローチのひとつです。

SNSに効く小技⑪
オノマトペで臨場感のある投稿を！

　SNSでストーリーを書くときは、オノマトペ（擬音語・擬声語・擬態語など）を使うと表現力が高まります。「小鳥のさえずりが聞こえた」よりも「チュンチュンと小鳥のさえずりが聞こえた」と書くほうがリアルです。同じく、「机の角にひざをぶつけて痛かった」よりも「机の角にガツっとひざをぶつけて、思わず『うぐっ！』と唸り声を上げた」のほうが、「お腹がすいた」よりも「お腹がググググ〜と勢いよく５秒ほど鳴った」と書くほうが、文章がいきいきします。
　オノマトペを駆使することで、＜言葉で書いて映像で届ける＞という上級者的な書き方ができるようになるのです。

ミックス

テンプレートミックス例②
「結論優先型＋ストーリー型」

　さて、先ほどのテンプレートミックス例①は、全体をストーリー型で仕上げながら、その一部に結論優先型を盛り込むスタイルでした。全体をストーリー型で包み込んだこともあって、やや情緒や感情が優位な文章に仕上がりました。

　一方、同じ内容でも、全体を結論優先型で包み込んで、その一部にストーリー型を盛り込むスタイルも可能です。この場合、先ほどよりも、少し論理性が優位な文章になります。

A 結論を伝える	先日、ニュースで「手のひらを冷やすと熱中症対策になる」ということを知りました。首や脇の下ではなく、「手のひら」というのが衝撃的でした。
▼	
B 理由・根拠を伝える	なんでも、手のひらには体温を調節するＡＶＡ（動静脈ふん合）という血管があり、その血管を冷やすことで血液の温度、ひいては、体の中心部の温度（深部体温）を下げることができるのだそう。
▼	
	冷やし方は簡単、コンビニなどで買った冷えたペッ

トボトルを手にひらで握っておくだけ。そのニュースでは、炎天下で実験を行っていました。気温37℃超えの日に、ふつうに800メートル歩いたときと、ペットボトルを握って歩いたときの体温の違いを比較したのです。結果は、前者の体温が37.9℃で、後者の体温が37.5℃。ペットボトルを握っていたときのほうが、ふつうに歩いたときより0.4℃も低くなりました。

▼

実はこの夏、わたしも酷暑に悩まされていました。頭痛やめまい、吐き気など、熱中症の症状が出たことも何度かありました。

ニュースを見て興味をもったわたしは、試しに、歩くときに冷えたペットボトルを握ってみました。すると、以前よりもカラダに熱がこもりにくくなり、気分が悪くなることが少なくなりました。まさか、手のひらを冷やす方法に、これほどの効果があるとは思いませんでした。

▼

今年の夏は、7月29日から8月11日の2週間に全国で約3万人が熱中症のため救急搬送されたといいます。命を落とした人も少なくなかったようです。そういうニュースを耳にするたびに、胸が痛くなります。「手のひらを冷やす」という、簡単にして有効な熱中症予防対策が、世の中に広まる

　書いてある内容はほぼ同じながら、受ける印象は少し異なるはずです。体験談の裏づけとして理屈を組み込んだ「ストーリー型＋結論優先型」のほうが心に響く文章で、理屈の裏づけとして体験談を組み込んだ「結論優先型＋ストーリー型」のほうは頭で納得しやすい文章です。

　わずかな差ですが、掲載するメディアが個人のブログなら前者、ビジネス会報誌の記事なら後者という具合に、「文章の目的」や「読む人の属性」「伝えたいメッセージ」などに応じて、使い分けできるとスマートです。

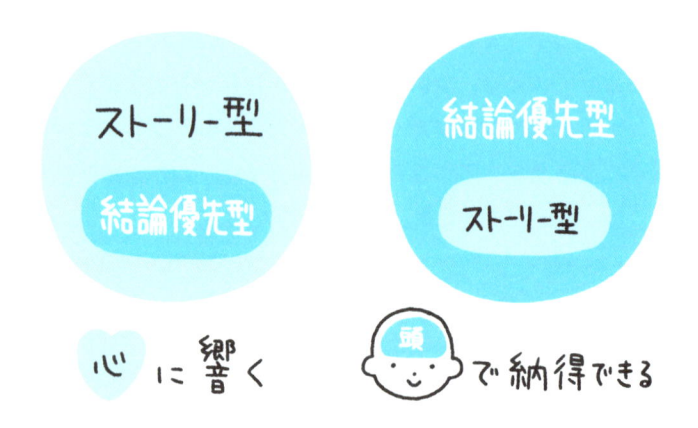

テンプレートミックス例③ 「結論優先型＋列挙型＋ストーリー型」

今度は、結論優先型の中に列挙型とストーリー型を盛り込むスタイルです。Bの「理由・根拠を伝える」のところで列挙型、Cの「具体例・詳細を伝える」の中にストーリー型を盛り込みます。

A 結論を伝える

▼

B 理由・根拠を伝える
　└ B-a 全体像を伝える（列挙する数を伝える）
　└ B-b 列挙ポイント1
　└ B-c 列挙ポイント2
　└ B-d 列挙ポイント3

▼

C 具体例・詳細を伝える
　└ C-a マイナスを伝える
　└ C-b 転機を伝える
　└ C-c 進化・成長を伝える

D　まとめる

まずは１行ライティングで全体の流れをつかみます。

A 結論を伝える	このオフィスに「５Ｓ」を導入することを提案する。

▼

B 理由・根拠を伝える	（B-a 全体像を伝える（列挙する数を伝える）） ５Ｓの導入を提案するおもな理由は３つある。 （B-b 列挙ポイント1） ひとつめは、仕事の効率と生産性が高まるから。 （B-c 列挙ポイント2） ふたつめは、あらゆる問題解決に役立つから。 （B-d 列挙ポイント3） みっつめは、スタッフの心に好影響を与えるから。

▼

C 具体例・詳細を伝える	（C-a マイナスを伝える） 前職時代、バックヤードは混沌とし、スタッフ間の連携もギスギスしていた。 （C-b 転機を伝える） 「５Ｓ」を導入し、バックヤードの整理整頓や、客室クリーニングのオペレーション改善に注力した。 （C-c 進化・成長を伝える）

	バックヤードでのムダがなくなり、客室清掃の作業効率が大幅に向上。宿泊客が増えた。
▼	
D まとめる	５Ｓを取り入れれば、職場のさまざまな課題が解決する。

次に１行ライティングをふくらませて、文章を完成させます。

A 結論を伝える	当オフィスに「５Ｓ」の導入を提案します。「５Ｓ」とは「整理する」「整頓する」「清掃する」「清潔にする」「躾をする」の５つ。一般のオフィスから工場、飲食店、建築現場、医療施設まで、「５Ｓ」を導入している企業やお店は少なくありません。
▼	
B 理由・根拠を伝える	（B-a 全体像を伝える（列挙する数を伝える）） ５Ｓの導入を提案する理由は３つあります。 （B-b 列挙ポイント1） ひとつめは、身の回りを整理・整頓することで、ムダな時間や労力が減り、仕事の効率と生産性が高まるからです。たとえば、「資料が見つからない……」と探すのは、非効率かつ非生産的です。探す時間を省ければ、おのずと効率や生産性がアップします。 （B-c 列挙ポイント2） ふたつめは、５Ｓが、あらゆる問題解決に役立つ

万能ツールだからです。たとえば、人間関係で生じるコミュニケーション不全や伝達のムダをなくすことができれば、誤解が減り、スタッフ間の結束力を高めることができます。

（B-d 列挙ポイント3）

みっつめは、スタッフの心に与える好影響です。たとえば、オフィスがゴミで散らかっていたら、仕事も"いい加減"でいい、という気持ちが芽生えます。一方で、きれいに片づいていれば、「仕事もきちんとやろう」と背筋が伸びます。５Ｓの精神は、スタッフのマインドを鍛え、やる気を引き出すのです。

▼

（C-a マイナスを伝える）

わたし自身、前職のホテルマン時代に「５Ｓ」の効果の大きさを肌で感じました。当時は客室を清潔に保つことが顧客獲得の必須条件でしたが、なかなか従来のやり方を変えられずにいました。とくにバックヤードの環境と体制は混沌としており、スタッフ間の連携もぎくしゃく。その結果、客室の掃除も雑になりがちでした。

（C-b 転機を伝える）

あるとき、統括マネージャーの鶴の一声で「５Ｓ」が導入されました。とくに徹底したのが、お客様の目につかないバックヤードの整理整頓でした。

C

具体例・詳細を
伝える

不要なものを断捨離したうえで、客室クリーニングのオペレーションにも大胆にメスを入れました。

（C-C 進化・成長を伝える）

バックヤードでのムダがなくなったことで、スタッフ間の連携がスムーズになり、客室クリーニングの作業効率が大幅に向上。インターネット上の口コミでも「客室に清潔感がある」と評判になり、みるみる宿泊客が増えていきました。

▼

このように、5Sは、単に「掃除をする」ということだけを意味しません。業務に必要なものを選び取り、仕事がしやすくなるよう整頓することで、職場に存在するさまざまな課題を改善する活動です。

D
まとめる

当オフィスに取り入れることで、仕事の効率や生産性の向上からスタッフ間の連携強化、さらには、個々のモチベーションアップまで、さまざまな効果が期待できます。

採用を検討いただけますよう、よろしくお願いいたします。

Bの「理由・根拠を伝える」のパートで、列挙型を使って「5S導入を提案する」3つの理由を挙げました。どんなに優れた提案でも、その導入理由がひとつだけでは、説得力に欠けてしまいます。「3つ」「4つ」「5つ」と理由を挙げることができれば、

その分、説得力が高まりやすくなります。

　もちろん、列挙型ですので、冒頭では「５Ｓの導入を提案する理由は３つあります」と列挙する数を示すのがベター。すると、読む人は安心して続きを読み進められます。

　Ｃの「具体例・詳細を伝える」では、具体例として、ストーリー型を使った体験談を盛り込みました。理屈だけでは納得できない人も、実際のエピソード（事例）を知ることで、腑に落ちやすくなります。

　ストーリー型を使うときに大事なのは、右肩上がりのラインを描くことです。その点、「混沌としていたバックヤード → 整理整頓してきれいになる → 客室清掃の質とスピードが上がった」というストーリーには説得力があります。

　ちなみに、もっと文章をふくらませたいときは、どうすればいいでしょうか？

　一例としては、次のような方法があります。

📋 ふくらませる方法①

　Ａの「結論を伝える」のところで、「５Ｓ」の詳細を掘り下げて書きます。このときに列挙型（箇条書き）を用いることができれば、読む人はより受け取りやすいでしょう。

　つまり、Ｂの「理由・根拠を伝える」の中だけでなく、Ａの「結論を伝える」の中にも列挙型を盛り込む、というアプローチです。

このオフィスに「５Ｓ」の導入を提案します。「５Ｓ」とは「整理する」「整頓する」「清掃する」「清潔にする」「躾をする」の５つです。それぞれの特徴は以下のとおりです。

・「整理する」：不要なものを捨てること
・「整頓する」：必要なものを使いやすく並べて表示すること
・「清掃する」：点検を兼ねて、きれいに掃除すること
・「清潔にする」：整理・整頓・清掃を維持し、きれいな状態を維持すること
・「躾をする」：きれいに使うよう習慣づけること

　一般のオフィスから工場、飲食店、建築現場、医療施設まで、「５Ｓ」を導入している企業やお店は少なくありません。＜以下同じ＞

📋 ふくらませる方法②

　Ｃの「具体例・詳細を伝える」では、ストーリー型を使って体験談を書きました。これは、いわば「具体例」のパートです。
　このあとに「詳細」のパートを入れれば、さらに説得力が高まります。
　詳細ですので、たとえば、このオフィスに５Ｓを取り入れるとしたら、どういう方法でやるか——という点を提案するのも一案です。

バックヤードでのムダがなくなったことで、スタッフ間の連携が強まり、客室クリーニングの作業効率が大幅に向上。インターネット上の口コミでも「客室に清潔感がある」と評判になり、みるみる宿泊客が増えていきました。

　では、このオフィスで５Ｓを導入する場合、具体的に何をすればいいか。４つのアイデアをお伝えします。

　まず、書庫のアーカイブ資料をプロジェクト順に並び替えます。この際、ここ３年でまったく使わなかった資料についての処分を検討します。

　次に、現在、各階にちらばっている在庫を１階の搬入搬出スペースで一括管理。梱包と発送のラインの一元化を目指します。

　さらに、週明け月曜日の朝礼後、10分の掃除タイムを設けます（社内一斉）。整理整頓が習慣化しやすくなるほか、５Ｓの意識をもって週の始まりを快適にスタートさせることができます。

　そのほかにも、半年に一度、５Ｓへの取り組みを評価する表彰を行います。ここでは、月曜朝の「掃除タイム」のみならず、ふだんから継続的に５Ｓの意識を高く保てているチームを選出します。

このように、冒頭で示した提案＜このオフィスに「５Ｓ」の導入を提案する＞を深める具体案を書くことによって、読む人の理解度と納得度はさらに高まるでしょう。

　もちろん、この提案は、実現可能性が高く、なおかつ、効率や生産性のアップが見込めそうなものでなければいけません（そうでないと、却下されてしまいます）。

　お気づきのとおり、具体案の提示にも列挙型を使っています。「４つのアイデアをお伝えします」と述べたのち、それぞれのアイデアを列挙しています。

「まず〜／次に〜／さらに〜／そのほか〜」の流れは、列挙型に使える接続フレーズパターンのひとつです。このパターンを使う場合、一般的には、「まず〜」で伝える事柄の重要度が最も高く、「そのほか〜」で伝える事柄の重要度が最も低くなります。

　ちなみに、今回はＢの「理由・根拠を伝える」で、すでに「ひとつめは〜／ふたつめは〜／みっつめは〜」の接続フレーズを使っています。同一文章で、同じ接続フレーズを使うのは、あまりスマートではありません。そのため、Ｃに追加した列挙ポイントには「まず〜／次に〜／さらに〜／そのほか」のパターンを使いました。

ミックス

「結論優先型＋列挙型」で
1行ライティングしてみよう

<お題>あなたがいまハマっているマイブームについて「結論優先型＋列挙型」のテンプレートミックスで書いてみましょう。結論を伝えたあと、理由を書くパートで列挙型を使います。具体例・詳細を伝えるパートで体験談を書きたいときは、そこでストーリー型を使ってもいいでしょう。

A 全体像を伝える（あなたのマイブームを書く）

わたしのマイブームは＿＿＿＿＿＿＿＿＿＿＿＿です。

B 理由・根拠を伝える（なぜそのマイブームにハマっているのか、列挙型を使って理由を3つ書く）

B-a 全体像を伝える

＿＿＿＿＿＿＿＿にハマっている理由は3つあります。

B-b 列挙ポイント1（理由のひとつめは～です）

B-c 列挙ポイント2（ふたつめは～です）

B-d 列挙ポイント3（みっつめは〜です）

C 具体例・詳細を伝える（方法、手順、自身の体験談など、マイブームについて詳しく書く。体験談であればストーリー型を使ってもOK）

D まとめる（例：このマイブームを人に勧める）

各テンプレートが役立つ
シチュエーション集

【列挙型】

伝えたいことが複数あるとき（例：商品の特徴が複数ある）

質問事項や確認事項が複数あるとき

話し合いの内容をまとめて記すとき

ストレスなく理解してもらいたいとき

込み入った情報を整理して伝えたいとき（例：○○の案内文）

○○のプロセス（流れ）を伝えるとき（例：○○の作り方／○○までの道順）

○○を要約してまとめるとき

同質・同類の情報がたくさんあるとき

式次第（イベントの進行の順番を記すもの）を書くとき

大量にあるポイントを厳選して書くとき

○○を書き出すとき

（例：気づき／学び／アイデア／長所・短所／メリット・デメリット）

ToDoリストを書くとき

【結論優先型】

確実に伝えたい事柄が一点あるとき

ひとつのテーマを深掘りして伝えたいとき

論理的に伝えたいとき

理解度を高めたいとき

納得感を感じてもらいたいとき

説得力を高めたいとき

○○の報告をするとき

○○の説明をするとき

○○の相談をするとき

とくに列挙型、結論優先型は汎用性が高く、同一のシチュエーションで使い分けられる場合もありますが、ここでは代表的な使いどころをご紹介します。

○○の告知をするとき
○○の注意を促すとき
○○をオススメしたいとき
○○について疑問を残したくないとき
小論文やリポートを書くとき

【ストーリー型】

共感を誘いたいとき
感動させたいとき
感情移入させたいとき
○○の体験談を語るとき
○○のエピソードを語るとき
○○の案内をするとき
興味・関心を引きたいとき
脚本を書くとき（例：漫画、舞台、映画）
筋を書くとき（例：CM台本、動画のあらすじ）
物やサービスを売りたいとき
集客したいとき
読む人の頭に○○をイメージさせたいとき
自分や会社のプロフィールを書くとき
童話や小説を書くとき
わかりやすいたとえ話を書くとき
人に何かを依頼するとき
○○の提案や企画をするとき

おそらく、本書を読み終えたあなたは、文章を書きたくてうずうずしているのではないでしょうか。

なぜなら、あなたは、文章を書くために必要なレシピ（＝３つのテンプレート）を手に入れたからです。

頭を使ってゼロから文章を生み出すのは、口でいうほど簡単ではありません。一方、テンプレートの各パートに、言葉を当てはめていくことは、そう難しくないはずです。文章構成について、あれこれ考える必要がないからです。

> テンプレート①　ストレスフリーで読める「列挙型」
> テンプレート②　ぐんぐん納得度が高まる「結論優先型」
> テンプレート③　共感が生まれる「ストーリー型」

この３つのレシピは、これから、さまざまな文章を書いていくあなたにとって"一生のパートナー"となるでしょう。「文章の種類」や「その文章を書く目的」「読者対象」などを見極めながら、そのつど、適切にチョイスしてください。

テンプレートを使って書く文章は、いつでも"読む人に優しい文章"です。なぜなら、読む人が受け取りやすい流れでフレーム化しているからです。

あなたがテンプレートを使って文章を書く限り、読む人に余計な頭を使わせることはありません。どんな文章でも、ストレスなく読み進めてもらえるでしょう。あなたが心がけるべきは、自信をもって文章を書くこと！──それだけです。

　３つのテンプレートを使いこなせるようになったとき、あなたの文章に納得・共感する人は驚くほど増えているはずです。あなたは、文章を書くことが、ますます楽しくなるでしょう。

　文章作成は才能ではありません。基本とコツを学んだうえで量を書いていくことで、誰でも上達していきます。
　本書では、あなたに、その基本とコツをお渡ししました。これから先は、書けば書くほど文章力が伸びていきます。自分自身の進化・成長に期待してください。

　最後になりますが、この企画を一緒に温め、磨き上げてくれたかんき出版の鎌田菜央美さんに感謝申し上げます。
　また、いつも応援してくれている妻の朋子と娘の桃果にも感謝を伝えさせてください。いつもありがとう。

　そして、この本を手にしたあなたへ。さあ、本を閉じたら、テンプレートを相棒に、文章を書き始めてください。あなたの書いた文章が、多くの人に喜ばれることを祈っています。

2019 年 12 月　山口拓朗

【著者紹介】

山口　拓朗 （やまぐち・たくろう）

●――伝える力【話す・書く】研究所所長。山口拓朗ライティングサロン主宰者。株式会社アップリンクス取締役。

●――出版社で雑誌記者・編集者を務めたのち、独立。24年間で3300件以上の取材・執筆歴を誇る。独立当初、ある編集者から「もっと平易で明快な文章でないと、読者に伝わりません」と一喝され、ショックを受ける。以来、文章を書くうえでのマインドと技法を徹底的に研究し、独自の文章メソッドを確立。

●――現在は執筆活動に加え、講演や研修を通じて「論理的に伝わる文章の書き方」「好意と信頼を獲得するメールの書き方」「売れる文章＆コピーの作り方」「ファンを増やすブログ記事の書き方」等の実践的ノウハウを提供。モットーは「伝わらない悲劇から抜けだそう！」。中学生にもわかる言葉で解説する丁寧な語り口に定評がある。2016年からは300万人のアクティブフォロワーをもつ中国企業「行動派」に招聘され、中国の六大都市で「Super Writer養成講座」を定期開催している。

●――著書に『伝わる文章が「速く」「思い通り」に書ける87の法則』（明日香出版社）、『何を書けばいいかわからない人のための「うまく」「はやく」書ける文章術』（日本実業出版社）、『「9マス」で悩まず書ける文章術』（総合法令出版）など多数。文章作成の本質をとらえたノウハウは言語の壁を超えて高く評価されており、中国、台湾、韓国など海外でも翻訳されている。

世界一ラクにスラスラ書ける文章講座　　　　　〈検印廃止〉

2019年12月16日　　　第1刷発行

著　者――山口　拓朗
発行者――齊藤　龍男
発行所――株式会社かんき出版
　　　　　東京都千代田区麹町4-1-4 西脇ビル　〒102-0083
　　　　　電話　営業部・03(3262)8011代　編集部・03(3262)8012代
　　　　　FAX　03(3234)4421　　　　　　振替　00100-2-62304
　　　　　http://www.kanki-pub.co.jp/

印刷所――ベクトル印刷株式会社